¡Asómbrate.

¡Asómbrate!

Ante las maravillas de Dios

R. C. Sproul Jr.

Tyndale House Publishers, Inc.
Carol Stream, Illinois, EE. UU.

Visite Tyndale en Internet: www.tyndaleespanol.com y www.BibliaNTV.com.

TYNDALE y el logotipo de la pluma son marcas registradas de Tyndale House Publishers, Inc.

¡Asómbrate!: Ante las maravillas de Dios

Originalmente publicado en inglés en 2012 como *The Call to Wonder: Loving God Like a Child* por Tyndale House Publishers, Inc., con ISBN 978-1-4143-5994-6.

Diseño: Jacqueline L. Nuñez

Edición del inglés: Susan Taylor

Traducción al español: Mayra Urízar de Ramírez

Edición del español: Mafalda E. Novella

Publicado en asociación con la agencia literaria de Wolgemuth & Associates, Inc.

Library of Congress Cataloging-in-Publication Data

Sproul, R. C. (Robert Craig), date.
　　[Call to wonder. Spanish]
　　¡Asómbrate! : ante las maravillas de Dios / R.C. Sproul Jr.
　　　pages cm
　　"Originalmente publicado en inglés en 2012 como The Call to Wonder: Loving God Like a Child por Tyndale House Publishers, Inc., con ISBN 978-1-4143-5994-6."
　　ISBN 978-1-4143-7848-0 (sc)
　1. Christian life. 2. Faith. I.Title.
　　BV4501.3.S665518 2012
　　248.4—dc23   2012042000

Impreso en Estados Unidos de América

Printed in the United States of America

17	16	15	14	13	12	13
7	6	5	4	3	2	1

Para Shannon Sproul, Princesa Feliz.

Papi te ama.

Y Jesús te ama.

Contenido

Agradecimientos

De muchas maneras, este libro nació de la crianza de mis hijos. Es decir, quiero compartir con otros las lecciones que he aprendido de mis ocho hijos. El agradecimiento, entonces, tiene que comenzar con mi querida esposa. Mientras que mis hijos me demuestran cómo maravillarme, mi esposa *es* una maravilla. Las gracias también corresponden a cada uno de mis hijos. Cada uno de ellos es una alegría en nuestras vidas.

Sin embargo, no todos mis maestros son niños. Debo agradecer a dos de mis profesores universitarios, al doctor Andrew Hoffecker y al doctor James Dixon. Estos dos caballeros, pacientemente, le enseñaron al que alguna vez fuera el racionalista presbiteriano de corazón frío que el corazón de la fe cristiana es un corazón transformado, que el pensamiento sólido debe trasladarse de nuestra mente a nuestro corazón, y luego a nuestros dedos.

Aún mayores fueron los maestros que mis maestros me presentaron. Gilbert Keith Chesterton y Clive Staples Lewis aún me informan e inspiran. Cada uno, a su manera, respondió a la cosmovisión mecánica del modernismo/naturalismo no con argumentos fríos y abstractos, sino con palabras vivas, arraigadas en la Palabra viva. Cuando el cinismo llama a mi puerta, sé que la lectura de cualquiera de estos dos grandes hombres lo mandará de regreso.

También debo agradecer a mis colegas por ayudarme a llevar una pesada carga, y a mis estudiantes del Reformation Bible College, por su celo.

Estoy profundamente agradecido con Robert y Erik Wolgemuth, por su servicio valioso al dirigir, estimular y facilitar este proyecto. Es una gran bendición tener gente en nuestra esquina. De la misma manera, quiero agradecer a Susan Taylor y a Jon Farrar de Tyndale House. Su buen trabajo y tranquila actitud hicieron que este proyecto fuera una alegría.

Finalmente, Palestrina y Pachelbel, The Wintons y Sara Watkins, Andrew Peterson y Nathan Clark George proporcionaron la banda sonora de este libro.

R. C. Sproul Jr.
Día de Acción de Gracias 2011

Introducción

SIMPLEMENTE, esto no tendría que haber ocurrido. Tiendo más a ser una persona que piensa que una que siente. Así que, esa mañana, me tomó completamente por sorpresa el encontrarme llorando incontrolablemente. Si me hubieras preguntado esa mañana, sin duda te habría dado un cuidadoso discurso acerca de las diversas perspectivas de lo que ocurre cuando tomamos la Santa Cena. Sin embargo, en ese día, nada de eso importaba.

No me habían invitado para explicar nada. Más bien, se me había invitado a asistir y a participar. Nos invitaron a todos. El pastor nos recordó lo que Jesús les dijo a sus discípulos la noche en que lo traicionaron. Luego, fila por fila, nos acercamos para arrodillarnos a recibir el pan y el vino. Mi esposa y yo, que estábamos recién casados, caminamos al frente y nos arrodillamos. El pastor se movía a lo largo de la fila, como normalmente lo hace. Sin embargo, esta vez me fue obvio que no venía solo.

Permíteme explicar esto. Yo no tenía un sentido

peculiarmente evidente de mi propio pecado. En mi imaginación no veía con claridad particular los clavos que traspasaban las manos de Jesús. Aun así, comencé a llorar incontrolablemente. Mi cuerpo comenzó a temblar. No es que fuera la primera vez que Jesús hubiera llegado a visitarnos a su propio banquete, la Santa Cena. Sin embargo, era la primera vez que su Espíritu había quitado las escamas de mis ojos. Jesús estaba allí conmigo. Tenía que ser él. ¿De qué otra manera podría haber sentido, inmediatamente, un temor agudo mitigado con el entusiasmo mismo del gozo? ¿De qué otra manera podría saborear yo esa creciente alegría que se multiplicaba con la pesadez del pavor?

Cuando llegó el momento de volver a nuestros asientos, mi esposa, confundida y más que un poco asustada, me sujetó y me llevó de regreso. El servicio terminó y cuando comenzamos a conducir a casa, ella cautelosamente me preguntó qué había ocurrido. Casi no la oí. La experiencia había terminado, pero en lugar de dejarme satisfecho, me dejó más hambriento de la presencia tangible de Dios en mi vida. Quería volver a revivir esos momentos.

En los años siguientes, comprendí que yo no podía convocar esas experiencias. El Espíritu de Dios no está a mi servicio ni a mi disposición, más bien se mueve adonde él quiere. No obstante, sí tuve otra vez esa experiencia, y nuevamente unos cuantos meses después. No había un calendario, ni manera alguna para determinar si o en qué momento volverían a ocurrir esos acontecimientos de claridad. Solo podía atesorar cada experiencia como una señal de que Dios estaba poderosamente conmigo, brindándome su amor y su guía.

A medida que pasaron los años, nuestra familia creció y, con el tiempo, planté una iglesia. Ahora me encontraba administrando la Santa Cena. Sin embargo, eso no era todo lo que había cambiado. Nuestra pequeña iglesia se congregaba en un edificio precario. No teníamos coro, ni órgano, ni cantantes de contrapuntos celestiales. No obstante, descubrí que Dios no se revela solamente en la ceremonia del servicio de una iglesia.

Fue otro domingo como muchos. Me encontraba al frente sirviendo la Santa Cena a la congregación. Luego de recordarles las palabras de Jesús la noche en que fue traicionado, comencé a servir a mi propia familia. Me incliné hacia mi amada esposa y le susurré: "El cuerpo de Cristo, quebrantado por ti," y rompí a llorar allí mismo. Caí de rodillas, las lágrimas comenzaron a correr y la abracé, sintiendo que los mismos brazos de Jesús nos abrazaban a los dos. Logré trasladarme hacia mi primogénita, Darby, y, nuevamente, allí estábamos con Jesús a nuestro lado. Ella sintió mi abrazo desesperado, pero no tuvo miedo. Ella también supo que Jesús estaba allí. Me volteé hacia mi primer hijo, Campbell, que ya estaba llorando. Cuando lo abracé, le recordé que Jesús nunca lo dejaría, sin importar a qué batallas tuviéramos que enfrentarnos. Luego estaba Shannon, quien se preguntaba de qué se trataba todo ese lío. Su confusión por mi reacción no se debía a que no pudiera percibir la presencia de Jesús, sino porque ella siente su presencia mucho más de lo que yo jamás la sentiré, y así es para ella todos los días.

Delaney, mi hija inescrutable, era la siguiente en la fila.

Desde su nacimiento, ella tiene una serenidad en sus ojos que ya empezaba a vislumbrarse como un espíritu suave y apacible. Cuando la abracé, logré controlar mi voz lo suficiente como para decirle en un susurro firme: "Jesús te ama, cariño, y papi también." Ella respondió serenamente: "Lo sé, papi."

Luego estaba Erin Claire, la comediante de la familia, cuya risa ilumina la tristeza que anida en sus ojos. Por supuesto que ella había estado presenciando estos extraños acontecimientos. Sabía que era una ocasión solemne y sus ojos comenzaron a llenarse de lágrimas. "Jesús está aquí, cariño. Precisamente aquí con nosotros," le dije.

Después estaba Maili, la pequeñita Maili. Tenía que tener cuidado de no apretarla para no lastimarla. Sentí sus brazos alrededor de mi cuello y ella, también, comenzó a llorar. No de miedo, ni de tristeza, sino como Jesús afuera de la tumba de Lázaro, de empatía. Reilly, de apenas cuatro años, venía después. Lo levanté por encima de la barra de la Santa Cena y él me rodeó con sus piernas. "Hijo mío, hijo mío," le dije y lo miré a los ojos. "No tengas miedo, sino recuerda que tu papi te ama, tu mami te ama y Jesús te ama ahora y por siempre." También levanté a Donovan, el bebé. Él cabeceó durante todo el asunto, durmiendo como bebé, pero Jesús también lo bendijo.

No esperaba ser bendecido nuevamente ese día de manera tan inconfundible con la presencia de Cristo en su Mesa. Sin embargo, lo que llegué a comprender rápidamente no fue que tenía que encontrar la manera de explicarles a mis hijos lo que le ocurría a papi para que no se asustaran. En lugar de eso, aprendí que tenía que aprender de ellos, porque ellos entendían mejor que yo que Jesús estaba, en efecto, con nosotros. Cuando Jesús dijo: "Les digo la verdad, a menos que se aparten de sus pecados y se vuelvan como niños, nunca entrarán en el reino del cielo" (Mateo 18:3), él no estaba sugiriendo que nuestros estándares son demasiado altos y que estos pequeños pueden lograr superarlos. Lo que él nos estaba diciendo es que nuestros estándares son demasiado bajos y que los pequeños nos llevan una gran ventaja.

Si te pareces algo a mí, esta es una de las lecciones más difíciles de aprender. Asumo con mucha facilidad que mis estudios de las Escrituras en mi oficina me acercarán más a Dios y a su reino que pasar tiempo en el jardín de atrás jugando con mis hijos. Jesús dijo claramente que ese podría no ser el caso. Tampoco puedo dejar de pensar que una de mis experiencias más profundas de su presencia fue con mis hijos, cuando estábamos arrodillados ante él en adoración. Nada de esto quiere decir que no pase tiempo dedicado al estudio de las Escrituras y de la teología. Sin embargo, sí quiere decir que ahora tomo tiempo para detenerme a mirar a mis hijos y observar las cosas que hacen que se alinean con las Escrituras. Este libro es el resultado de esas ocasiones en que he puesto atención. Percibo que a medida que he reflexionado sobre lo que Jesús quiso decir sobre los niños y su reino, he llegado a estar más enfocado en la presencia de Dios en mis días ordinarios, tan llenos de cosas por hacer.

Mi oración es que este libro te anime también a detenerte

y a prestar atención. Mi esperanza es que recuperes las virtudes "ingenuas" que pudieras haber perdido y que respondas
a su llamado de *volverse como niños*.

R. C. Sproul Jr.

SORPRENDIDO POR DIOS

[Jesús] dijo: "Les digo la verdad, a menos que se aparten de sus pecados y se vuelvan como niños, nunca entrarán en el reino del cielo".

MATEO 18:3

¿TE GUSTAN LAS SORPRESAS? Si así es, entonces piensa en esto: Dios está lleno de ellas. Frecuentemente estas sorpresas que Dios da vienen en paquetes pequeños: en las acciones y en las palabras de los niños.

La historia de la vida y del ministerio de Jesús contiene un flujo constante de estas sorpresas, giros en las historias y correcciones a nuestra forma adulta de pensar, que se ha desviado en la dirección equivocada.

Cuando Jesús vino al mundo, ¿quién fue el primero en expresar alegría por su llegada?

No fueron los líderes religiosos, ni los profetas Simeón o Ana.

Tampoco fueron los pastores ni los reyes magos.

No, la primera expresión de alegría fue la de un bebé tan joven que ni siquiera había nacido. Juan el Bautista saltó en el vientre de su madre cuando Jesús, de igual manera *in utero*, se le acercó.

Un bebé en el útero. Un niño.

¡Qué sorpresa! El primero que apreció la gran encarnación del reino de Dios, que venía a esta tierra en forma humana, fue un niño.

De allí en adelante, el gran reino del Hijo de Dios, Emanuel —Dios con nosotros—, se expresó dentro del contexto de la humildad y no en el de la gloria real terrenal que la mayoría de nosotros esperaría que tuviera el Hijo de Dios.

Jesús nació en un establo, en un lugar apartado de Palestina. Piensa en esto: Jesús —el Hijo único de Dios— no respiró por primera vez en un palacio real, rodeado del esplendor que correspondía a su talla. No, su primer respiro probablemente estuvo lleno de los olores de ovejas y de vacas.

Demasiados de los que somos adultos no comprendemos totalmente la naturaleza impactante de lo que la Palabra de Dios dice acerca del Dios vivo. Leemos deprisa los pasajes bíblicos que en realidad deberían hacernos parar en seco. Francamente, esa tentación es aún mayor para los que hemos leído las Escrituras muchas veces. Somos los adultos los que tendemos a refrenar al Dios de las sorpresas al desestimar con argumentos lo que las Escrituras dicen claramente acerca de este Dios vivo.

Recuerdo cuando caí en esa tentación. Estaba estudiando

y preparándome para el ministerio. Mi profesor de Antiguo Testamento aprovechó la oportunidad para enseñarme una lección profunda que tardé un poco en asimilar. No recuerdo qué dio lugar a su pregunta, pero la recuerdo claramente. Preguntó:

—R. C., ¿tiene Dios un fuerte brazo derecho?

Debo confesar que me sentí muy insultado. No era un nuevo creyente. Había leído las Escrituras y sabía que Dios es Espíritu y que no tiene cuerpo.

—Claro que no —respondí.

Pacientemente, mi profesor dijo:

—R. C., la Biblia dice que Dios tiene un fuerte brazo derecho.

Yo todavía me sentía un poco insultado, pero las cosas parecían mejorar un poco. Pensé que entendía lo que el profesor estaba tratando de hacer. Me estaba haciendo esta pregunta sencilla para que pudiera darle un pequeño discurso acerca del lenguaje antropomórfico al resto de la clase. Me alegró saber que él sabía que podía contar conmigo para encargarme del asunto. Tal vez necesitaba de unos minutos de descanso en su enseñanza, por lo que le estaba pasando la batuta a uno de sus mejores estudiantes.

—Pues, sí, profesor, la Biblia se refiere al fuerte brazo derecho de Dios, pero entendemos que la Biblia usa frecuentemente lenguaje antropomórfico. Es decir, a veces la gente describe a Dios en términos de cualidades humanas que él realmente no tiene, para ayudarnos a entender cómo es él. La Biblia, después de todo, también dice que los ojos de Dios recorren toda la tierra. Lo que Dios nos dice es que él es omnisciente, que él lo sabe todo. Sería uno de los errores más grandes pensar que los ojos de Dios están arriba de un par de piernas gigantescas y que recorren todo el globo como un hámster en una rueda. Cuando la Biblia nos dice que Dios tiene un fuerte brazo derecho, lo que en realidad está diciendo, pues al principio se dirigía a gente primitiva, es que Dios tiene la cualidad de la omnipotencia. Él tiene todo el poder.

Supuse que eso zanjaría el asunto. Seguramente el profesor me agradecería por explicar el concepto del poder ilimitado de Dios tan bien. En lugar de eso, él simplemente volvió a decir:

—R. C., la Biblia dice que Dios tiene un fuerte brazo derecho.

El timbre sonó, marcando el final de la clase de ese día, y yo me quedé confundido respecto a cuál podría haber sido su propósito.

Años después, Dios en su gracia me ayudó a entender lo que el profesor había tratado de inculcar en mí. Es muy cierto que Dios es omnipotente. Él tiene todo el poder. No hay poder del que él no sea la fuente fundamental. Nada puede doblegarlo jamás. Sin embargo, *omnipotente* no es la esencia que se extrae de "fuerte brazo derecho." No nos acercamos más a la verdad tomando el lenguaje primitivo y llano de las palabras *fuerte brazo derecho* y traduciéndolas como "omnipotente." Al contrario, terminaríamos más lejos de la verdad. Si fuéramos sinceros, *omnipotente* simplemente podría ser un parámetro de un medidor de potencia, la línea más alta que hace sonar la campana en los juegos de carnaval. Nos dice cuánto poder tiene Dios. Si el poder se ilustrara mediante un gráfico circular, Dios lo llenaría todo. Sin embargo, lo que falta en *omnipotente*, que se expresa claramente en *fuerte brazo derecho*, es la idea de propósito y dirección. Una fuerza podría ser imaginablemente omnipotente. Se necesita de una persona —no, se necesita de un *Padre*— para tener un fuerte brazo derecho. *Fuerte brazo derecho* no solo sugiere cuánta potencia hay sino cómo funciona esa energía: protege, provee y consuela. En lugar de hablar en abstracto de la fuerza, como yo tontamente hacía en el salón de clases en años pasados, la frase *fuerte brazo derecho* expresa el hecho de que Dios el Padre es una persona. En mi presunta sofisticación, no estaba dejando en claro el mensaje de Dios, sino más bien lo estaba debilitando. No estaba demostrando ser más sabio que mis antepasados espirituales. Estaba mostrándome como un tonto.

Dios no es un Dios amable y razonable que uno puede domesticar a su antojo. Él no encaja en nuestras nociones pre-concebidas. Según he aprendido, tenemos que dejar de tratar de amaestrar al Dios que se supone debemos adorar. Más bien, tenemos que comprender mejor todas las implicancias de las acciones y de las palabras de Dios en las Escrituras. Dios hace lo que no esperamos. Esa es su naturaleza. Como nos dijo C. S. Lewis, él, después de todo, no es "un león domesticado y dócil."

He aquí un ejemplo de lo que quiero decir cuando digo que tenemos la tentación de domesticar a Dios. Supongamos

que fuiste un ángel que observó cómo se desarrolló la tragedia del Edén. Habías presenciado la gloria espectacular de
la creación del universo. Te inclinaste para presenciar cómo
Dios formaba a Adán y cómo le soplaba el aliento de vida.
Lloraste ante la belleza de Adán y Eva caminando juntos en
el jardín del Edén tomados de la mano, y te conmoviste aún
más cuando Dios se unió a ellos en la frescura de la noche.
Luego miraste, con el corazón en la garganta, cómo la serpiente le hablaba a la mujer. Te lamentaste cuando el jugo de
la fruta prohibida corrió por la barbilla de Eva y luego por la
de Adán. Te tapaste los ojos para no ver la destrucción feroz
cuando Dios volvió a descender al jardín para castigar a los
que se habían atrevido a desobedecer su simple orden de no
comer de un solo árbol. Luego oíste esto: "Pondré hostilidad
entre tú y la mujer, y entre tu descendencia y la descendencia
de ella. Su descendiente te golpeará la cabeza, y tú le golpea-
rás el talón" (Génesis 3:15).

No hubo truenos.

No hubo erupción volcánica.

En lugar de eso, hubo una promesa, compasión y
esperanza.

Aunque pudieras haber estado muy sorprendido, sospecho que la confusión habría sobrepasado tu sorpresa. ¿Qué
podría haber querido decir Dios con que se le golpearía el
talón al descendiente de la mujer? Mientras te preguntabas
cómo podría Dios sacar algo bueno de esta gran tragedia, ¿se
te habría ocurrido alguna vez que el Hijo de Dios se haría
humano, se encarnaría y nacería de una virgen? ¿Se te habría

ocurrido alguna vez la noción de que él llevaría el pecado de su pueblo sobre sus hombros? ¿Habrías pensado que eso se lograría a través de los horrores de la Crucifixión? ¿Habrías sospechado que la ira de Dios el Padre sobre los pecadores como Adán y Eva se derramaría sobre su Hijo?

Dios nos sorprende. ¿Por qué? Porque, como dice Isaías, los caminos de Dios ni siquiera se acercan a los nuestros:

"Mis pensamientos no se parecen en nada a sus
    pensamientos,
—dice el SEÑOR—.
Y mis caminos están muy por encima de lo que
    pudieran imaginarse.
Pues así como los cielos están más altos que la tierra,
    así mis caminos están más altos que sus caminos
    y mis pensamientos, más altos que sus
        pensamientos".

ISAÍAS 55:8-9

La ilustración primordial de la Biblia sobre cuán diferentes son los pensamientos de Dios de los pensamientos de la gente promedio está en la interacción entre Jesús y sus discípulos en Mateo 18.

Al saber que pronto se enfrentaría a la agonía de la Crucifixión y que la entereza de sus discípulos sería puesta a prueba en los días por venir, Jesús comenzó a prepararlos para lo que se avecinaba. Primero, les reveló su gloria en el monte de la Transfiguración. Después, les volvió a advertir a sus seguidores de lo que se avecinaba: lo traicionarían y moriría; pero también resucitaría.

Después de todas esas revelaciones extraordinarias, los discípulos preguntan: "¿Quién es el más importante en el reino del cielo?" (Mateo 18:1).

Piensa en esto: Jesús está hablando de su próximo sufrimiento y humillación. Ya está sosteniendo una batalla intensa con los poderosos representantes religiosos de su época. Siente el peso de la cruz que pronto tendrá que cargar, saborea ya la amargura de la copa que tendrá que beber, ¡y los discípulos le preguntan acerca de sus posibilidades de ascenso cuando llegue el reino! Se requiere osadía para hacerlo.

¿Qué hace Jesús? Él responde a su pregunta, pero al hacerlo, Jesús aprovecha la oportunidad para revolucionar el mundo de los discípulos. Recuerda que Jesús no está hablando con sus enemigos. No está hablando con las multitudes. Está hablando con sus *seguidores*. Inclusive sus propios seguidores ven el mundo y el reino venidero desde una perspectiva equivocada.

Entonces Jesús llama a un niñito, lo pone en medio de los discípulos y dice: "Les digo la verdad, a menos que se aparten de sus pecados y se vuelvan como niños, nunca entrarán en el reino del cielo" (Mateo 18:2-3).

Podríamos tener la tentación de parafrasear a Jesús de esta manera: "¿Quieren saber quién será el más grande? Bueno, veamos. Primero, no será ninguno de los grandiosos y gloriosos de la nobleza romana. Tampoco será el rico ni el poderoso entre los escribas y fariseos." Quizás en este punto el corazón de los discípulos comienza a latir un poco más rápidamente. Todavía están en la carrera. "El sobre, por favor. Sí, el ganador del título de Mayor en el Reino es este niñito."

Esa paráfrasis habría sido lo suficientemente impactante. Sin duda habría sido tremendamente humillante. Sin embargo, eso no es lo que Jesús dijo. No dijo que las mansiones más grandes del reino le pertenecerían a los que son semejantes a los niños. Tampoco dijo que los que se parecen más a los niños se sentarán en la mesa

"El sobre, por favor. Sí, el ganador del título de Mayor en el Reino es este niñito."

principal en la fiesta de bodas del Cordero. El mensaje fue mucho más radical. "Si no son como este niño, ni siquiera se les invitará. No pasarán de la puerta. Olvídense de las medallas, de los laureles y de los tronos cubiertos de oro. Si no adquieren la perspectiva, la forma de pensar y el corazón de un niño, estarán en la oscuridad externa: no llorarán como bebés, sino que habrá llanto y rechinar de dientes."

Muchos de nosotros —y yo también he sido culpable de esto— tratamos de analizar lo que Jesús dice y lo diseccionamos como hacen los científicos con un espécimen que están estudiando. Tomamos las palabras de Jesús y las pasamos por nuestras herramientas de estudio. Revisamos lo que este erudito pensó y lo que aquel hombre culto tenía que decir. Buscamos las palabras clave y cómo las usaron los griegos. Revisamos nuestros manuales de referencia y nuestros textos de teología sistemática, todo en un intento vano de hacer que el texto no implique lo que en realidad dice. Porque si significa lo que dice, sugiere que nuestro conocimiento de lo que este erudito pensó y de lo que aquel hombre culto dijo, y nuestra capacidad de manejar diestramente distintas herramientas de estudio bíblico, no son solo inútiles, sino que muy fácilmente podrían interponerse en el camino. Si significa lo que dice, estaríamos mejor si fuéramos como niños. Si significa lo que dice, estamos en peligro de perder algo. Si significa lo que dice, vamos a tener que renunciar o al reino de Dios o a nuestro orgullo; y ambas cosas son muy importantes para nosotros.

Por supuesto que todos hacemos esto, porque somos pecadores, al igual que los discípulos. Por eso es que he trabajado duro con el paso de los años para presentar a la gente lo que llamo "El Principio de Hermenéutica de R. C. Sproul Jr.," en otras palabras, mi principio para interpretar la Biblia. Como sabes, hay reglas confiables e importantes para hacerlo. Por ejemplo, se nos llama a interpretar la Biblia literalmente, es decir, en cuanto a sus diversas estructuras literarias. No leemos las narraciones históricas de la misma manera en que leemos poesía. No leemos las parábolas de la misma manera en que leemos las narraciones históricas. Todo eso es muy básico. El Principio de Hermenéutica de R. C. Sproul Jr. es muy sencillo: cuando leas tu Biblia y te topes con gente (como los discípulos, por ejemplo) que hace algo verdaderamente tonto, no pienses: *¿Cómo pueden ser tan tontos?* En lugar de eso, pregúntate: *¿Cómo es que soy tan tonto como ellos?* (Observa: este principio tiene mi nombre porque me he dado cuenta de lo tonto que soy.) En realidad no hay nada nuevo bajo el sol. Todos deberíamos esperar que la clase de pecados que infectaba a la gente de la Biblia de igual manera nos infecte a nosotros, y ninguno es más común que el problema del orgullo, que frecuentemente produce estupidez.

La Biblia nos dice que la sabiduría comienza cuando tenemos temor de Dios (ver Proverbios 9:10). El temor de Dios comienza cuando creemos lo que él dice. Cuando él habla, no deberíamos tratar de escabullirnos de su Palabra. No deberíamos analizar para quitarle claridad a lo que él ha dicho. Así es con Mateo 18. Dios en Cristo nos dice que si no somos como niños, ni siquiera veremos el reino de Dios. Eso significa sencillamente que será mejor que aprendamos a ser como niños. Será mejor que no estudiemos cómo no es posible que este texto signifique lo que en realidad significa. Más bien, será mejor que estudiemos cómo podemos someternos a lo que significa. En las próximas páginas buscaremos hacer precisamente eso: considerar cómo es la fe característica de los niños; ver cómo, con el poder del Espíritu de Dios, podemos cultivar el espíritu de un niño.

> *El Principio de Hermenéutica de R. C. Sproul Jr. es muy sencillo: cuando leas tu Biblia y te topes con gente (como los discípulos, por ejemplo) que hace algo verdaderamente tonto, no pienses: ¿Cómo pueden ser tan tontos? En lugar de eso, pregúntate: ¿Cómo es que soy tan tonto como ellos?*

Observa bien y por bastante tiempo a los niños de tu vida:

tal vez a tu hijo o a tu hija, tal vez a tu nieto o a tu nieta, a tu sobrino o a tu sobrina. O tal vez sean los niños que pasan corriendo en el centro comercial o en los pasillos de la iglesia.

¿Cómo será tener un corazón que imita al de ellos?

¿Qué pide Jesús de nosotros?

Averigüémoslo.

2

LAS CARACTERÍSTICAS DE LA INOCENCIA

El Señor es mi fortaleza y mi escudo;
   confío en él con todo mi corazón.
Me da su ayuda y mi corazón se llena de alegría;
   prorrumpo en canciones de acción de gracias.

SALMOS 28:7

¿Qué significa ser como niños en nuestra fe? ¿Cuáles son las características de los niños que Jesús nos llama a tener? ¿Cómo aprendemos a reconocer esas características en los niños?

Cuando pensamos en los niños, la primera palabra que nos viene a la mente es *inocencia*. Este libro describe la clase de inocencia que Jesús nos pide que imitemos. Sin embargo, antes de ahondar en este tema, permíteme darte una imagen de cómo es la inocencia y, en el proceso, ofrecerte un vistazo previo de hacia dónde me dirijo.

Sospecho que la mayoría de los padres ha experimentado uno de esos momentos trascendentales en que ven claramente la inocencia de los niños que Jesús recalca a sus discípulos. Me pasó en un día soleado y brillante, cuando miraba por la ventana de nuestra cocina. En esa época, mi esposa y yo teníamos seis hijos; la mayor tenía nueve años y el menor era un bebé. Como era de esperar, teníamos mucho trabajo por hacer, y aunque los niños mayores ayudaban inmensamente, todavía teníamos un gran reto. Había días en los que simplemente estaba exhausto.

En este día en particular, había pasado la mitad del día de trabajo en mi oficina del sótano de nuestra casa en el campo del suroeste de Virginia, antes de subir a la cocina para almorzar. Debido a que educamos a los niños en casa, todos andaban por ahí cerca. Me asomé a la ventana de la cocina que da al jardín y tuve un vistazo del cielo. Allí, a unos seis metros de la casa, estaban dos de mis hijas. Delaney, de cinco años, que acababa de aprender a leer, estaba recostada a la sombra del árbol. Apoyada en ella, con la cabeza sobre el estómago de Delaney, estaba Erin Claire, de tres años. Delaney leía una historia a su hermanita, que la escuchaba con mucha alegría.

La escena era sublime. Pude captar la paz y la alegría de dos de mis hijitas. Su seguridad en sus alrededores era evidente. Aunque vivimos en un mundo donde los leones todavía no reposan junto a los corderos y donde hay que advertirles a los niños de los peligros inherentes en los extraños, en ese momento, mis dos hijas pequeñas estaban inmersas en el cielo. Aunque, en un sentido, ellas eran demasiado inocentes para estar cegadas por la gloria del medio en el que se encontraban, tuve que desviar la vista hacia otro lado.

Era demasiado, demasiado bello, para que mis ojos cínicos, hastiados y pecaminosos lo asimilaran.

Al observar a mis hijas por un momento, comprendí algo del placer que nuestro Padre celestial disfruta con nosotros. Cuán familiarizado debe estar nuestro Padre con las dificultades por las que pasamos. Cuán profundamente debe beber de nuestro propio dolor. Él es un Dios de compasión, de empatía. Su celo para compartir nuestras propias dificultades fue tan grande que envió a su Hijo unigénito para que se encarnara, para que morara entre nosotros, para que fuera tentado en todas las formas en que somos tentados. Por otro lado, él también comparte más profundamente el gozo que sentimos nosotros. Damos por sentado todos esos momentos, como mis hijas lo estaban haciendo, pero el mismo Dios los comparte más profundamente. Él es nuestro Padre y, en última instancia, es la fuente de nuestro gozo.

Dios hizo el árbol en el que mis hijas descansaban. Dios creó la hermandad, la lectura y las historias. Él lo juntó todo en ese momento de gloria trascendente que se reflejó en una escena tan ordinaria. Su amor por mis hijas empequeñece el mío. Su deleite en el deleite de ellas era mucho mayor que mi gozo en la ventana de la cocina, cuando quedé extasiado por lo que vi. La mismísima razón por la que podemos llegar a ser como los niños se debe a que Dios es tan adulto, porque él es nuestro Padre y podemos confiar en él.

¿Alguna vez te has quedado embelesado por un momento como el que acabo de describir? ¿Te has tomado el tiempo para ver cómo los niños demuestran su gozo por el mundo que Dios les ha dado? Si eres como yo, probablemente puedes recordar un momento trascendental de tu propia niñez. ¿Cuál es el momento que recuerdas? ¿Mirabas hacia el brillante cielo azul de la primavera? ¿Recogías hojas de otoño debajo del roble de tu jardín de atrás? ¿Bajabas a toda prisa una colina con tu bicicleta? Piensa en tu propia niñez y en una época en la que esta vida todavía no te había robado el gozo que te dejaba con la boca abierta por las cosas simples.

Esa es la inocencia de la niñez . . . y es a eso a lo que Jesús nos llama a volver.

La primera característica que vemos en los niños es el gozo puro. Los niños tienden a tener una perspectiva más bien alegre de la vida. No se requiere de mucho para hacerlos chillar de gozo: una mariposa, una catarata, un buen sándwich de mantequilla de maní. Recuerda que esta alegría característica de los niños es una de las cosas en las que se deleita muchísimo nuestro Padre. El gozo no solo es lo mejor para nosotros, no solo es algo que las Escrituras ordenan (ver Filipenses 4:4), sino lo que le da gozo y deleite a nuestro Padre celestial. Los padres saben esto. ¿No son nuestros momentos más felices cuando nuestros hijos experimentan una alegría pura? Por eso es que sacamos las cámaras cuando nuestros hijos comienzan a abrir regalos. Queremos capturar el recuerdo de esa alegría para los años venideros. El recuerdo no tiene que ser un momento de triunfo abrumador, de lanzar el jonrón que hace ganar el juego, ni de ganarse el primer premio en el concurso de ortografía. Puede ser tan simple como la alegría en el rostro de un niño cuando lo elogiamos, o la alegría que los niños expresan cuando juegan con sus hermanos o amigos. Nuestro Padre en los cielos se deleita con nuestra alegría de la misma manera.

¿Qué es lo que nos roba ese gozo cuando somos adultos? Es algo que los niños poseen en abundancia y que a los adultos muchas veces nos falta: *confianza sincera*. Lo que hizo que ese momento en la ventana de mi cocina fuera tan trascendental fue la confianza completa y sincera que manifestaban mis hijas. No estaban preocupadas por la economía ni por el próximo cheque de pago, ni por los amigos ni por la vivienda. Ni siquiera las preocupaba de dónde vendría su próxima comida. Sin siquiera pensar en eso, confiaban en que todas esas cosas buenas les llegarían a su tiempo. Simplemente disfrutaban del momento, de los regalos que Dios les había dado en ese momento: el amplio roble, el compañerismo de hermanas, el gozo de oír una historia.

La confianza característica de un niño se expresa más claramente al no pensar en el mal. A esto nos referimos precisamente cuando hablamos de la inocencia de los niños. Aunque sin duda alguna ellos están infectados y se han visto afectados por el pecado, como regla general, los niños están preparados para creer lo mejor de los demás. A pesar de los pecados evidentes, incluso de sus propios padres, los niños tienden a creer que sus padres tienen buenas intenciones y que buscan lo mejor para sus hijos. ¿Por qué es así? Porque a pesar de la realidad de su propio pecado, a los niños no los impulsan los motivos malsanos, y les es tremendamente difícil comprender y aceptar los motivos dañinos en los demás.

Para decirlo de otra manera, es difícil robarle un dulce a un bebé, no porque nos acuse la conciencia sino porque es muy probable, en primer lugar, que el bebé nos dé lo que deseamos sin tener que robárselo. Los niños, en resumen, entran a este mundo con espíritus que son prácticamente insensibles a los espíritus nocivos de los demás. Esa es precisamente la característica que nosotros somos llamados a cultivar.

Esta actitud de "no pensar mal" que define cómo es la perspectiva que el niño tiene del mundo es, más bien, similar a la característica de la confianza. En el capítulo siguiente veremos más profundamente cómo es la confianza. Por ahora, la fe característica de un niño es la que espera que los demás tengan también la fe característica de un niño. Está segura en su lugar. Confía en que los demás tienen buenas intenciones. No piensa mal. Es decir, no ve a los demás con sospecha, sino que posee una profunda confianza.

Otro aspecto de la inocencia de un niño es el *asombro*, algo que para los adultos es fácil de pasar por alto. Muy frecuentemente somos cínicos y estamos hastiados, en parte porque sentimos que ya lo hemos visto todo. Vivimos en la cultura más saturada por los medios de comunicación que el mundo haya conocido. Hollywood, no satisfecho con mostrarnos el mundo como está, construye historias elaboradas para nuestro entretenimiento, con todo y villanos del espacio exterior. Con el paso de los años, nuestros ojos y nuestro corazón desarrollan callos. Solo una cultura tan cínica como la nuestra podría haber acuñado esa respuesta tan cáustica a algo supuestamente impactante: "Ya fui, ya lo hice y ya lo tengo."

Como las cámaras están en todas partes y la animación por computadora puede crear mundos incluso más extraños, decimos con Salomón: "No hay nada realmente nuevo bajo el sol" (Eclesiastés 1:9). Aparentemente, todo lo que podríamos ver, todo lo que podría sorprendernos, ya está detrás de nosotros. Desafortunadamente, esta actitud cínica también infecta nuestra lectura de las Escrituras. Ya no expresamos asombro por el Dios que le ha dado existencia al universo, o que ha dividido los mares en dos. Ya hemos oído de esas cosas, y ya no inspiran nuestro asombro.

Ese no es el caso con los niños. Están diseñados para asombrarse. Están frescos. Sus ojos son nuevos. No solo *no* lo han visto todo; prácticamente no han visto nada. Mejor aún, saben lo pequeños que son. Nosotros miramos las estrellas que Dios hizo y que llama por nombre (ver Salmos 147:4) y vemos bolas de gases que arden. Nuestros niños, que no están infectados con esa arrogancia moderna, las ven por lo que son —grandes exhibiciones de fuegos artificiales de Dios— y sus ojos están llenos de apreciación y de asombro. Los adultos vemos una mariposa pensando en la biología de su transformación desde una oruga y consideramos la mecánica de su vuelo. Los niños ven la belleza de los colores de la mariposa y sienten la ligereza de sus alas que desafían a la gravedad. Los niños son rápidos para asombrarse, veloces para decir "¡oh!" y siempre dispuestos a decir "¡ah!" Ven el mundo por lo que es: una danza, no una máquina. Posteriormente exploraremos más sobre cómo podemos retomar el asombro característico de los niños que hemos perdido.

La última virtud característica de los niños que quiero mencionar es el *afán de agradar*. Por regla general, los niños no tienen grandes intenciones, ya sean ocultas o abiertas. No tienen planes específicos. Están satisfechos con que los adultos de su vida planifiquen sus días. Todo lo que piden es tener la oportunidad de agradar. Su alegría es darles alegría a sus mamás, a sus papás, prácticamente a cada adulto que esté a su alcance. ¿Cuántas veces tus hijos solicitan tu atención mientras te muestran un nuevo truco o habilidad que han aprendido? ¿Cuántas veces han intentado inspirar un "¡oh!" o un "¡ah!" en ti?

Los niños están diseñados para agradar y las Escrituras estimulan esa característica al ordenar a los hijos que obedezcan. Efesios 6 comienza: "Hijos, obedezcan a sus padres porque ustedes pertenecen al Señor, pues esto es lo correcto." La orden es tan clara como sencilla, y nuestro llamado a expresar esta característica de los niños es, de igual manera, claro y sencillo. No se llama a los niños a aclarar sus valores. No se les llama a buscar la autorrealización. No se les llama a desatar varios nudos gordianos de la ética. Todo lo que los niños tienen que hacer es lo que se les dice.

¿Qué les parece para los adultos este llamado a agradar? Permíteme contestar esto con una historia de mi relación con mi padre. Hasta hace poco, mi familia —todos nuestros hijos, excepto el menor— había pasado la gran mayoría de su corta vida en las bellas montañas del suroeste de Virginia. Allí es donde viven nuestras amistades. Mis hijos crecieron en una iglesia que es famosa en todo el país por su comunidad unida. Su formación, como la mía en el oeste de Pennsylvania, había sido idílica. No obstante, hace algún tiempo empacamos nuestras cosas y dejamos atrás nuestras cuatro hectáreas para irnos a Orlando, Florida. Nuestros hijos, especialmente los mayores, han afrontado un tiempo difícil, quizás porque han pasado por alto un aspecto importante de la razón por la que nos mudamos a Florida: trasladé a nuestra familia, lejos de todo lo que conocían, porque mi padre me lo pidió. Él necesitaba ayuda con su trabajo en el ministerio en Orlando.

Ahora bien, por favor no me malinterpretes: no me fui a Orlando porque creo que tengo la obligación de obedecer a mi padre terrenal. Más bien, fui allá porque cuando mi Padre celestial dice: "Honra a tu padre y a tu madre. Entonces tendrás una vida larga y plena en la tierra que el SEÑOR tu Dios te da" (Éxodo 20:12), obedezco a mi Padre en el cielo. No me trasladé en *obediencia* a mi padre terrenal, sino para *honrarlo*. Me pidió ayuda; yo podía dársela, entonces, aquí estamos en Florida.

Lo que veía en Virginia era la clase de vida que quería tener, rodeado de gente que amo como familia, pero mi deber era obedecer a mi Padre celestial. Él dice: "Así es como tendrás una vida bendecida," y he procurado decir: "Sí, Señor." No es necesario complicar las cosas con preguntas. La sabiduría de Dios no tiene que tener sentido para mí. No tengo que entender cómo me bendecirá (y a mis hijos) a través de este traslado. Todo lo que tengo que saber es lo que Dios quiere que haga. Aunque a veces nos gustaría entender esas cosas, los niños no necesitan que se les digan el cómo y el por qué.

Ellos pueden estar contentos con el qué. Exploraré este concepto más adelante en el libro.

Por ahora es suficiente decir que Jesús nos llama a desaprender lo que hemos aprendido como adultos.

Hemos perdido nuestra inocencia. Nuestro asombro. Nuestra confianza. Nuestro afán de agradar. Necesitamos recuperar esas características de los niños.

Jesús nos llama a desaprender lo que hemos aprendido como adultos.

A diario veo a mis superiores espirituales en mis propios hijos. Cuando la nieve llegaba a Virginia, yo veía los cristales de hielo que caían, los caminos resbaladizos y las facturas de calefacción que aumentaban. Mis hijos se sentaban en la ventana a ver cómo caía la nieve, asombrados por la creatividad de Dios. Cuando anochece y las estrellas brillan, yo medito en las bolas ardientes de hidrógeno. Ellos se unen a la danza de las esferas que celebran al Dios que las hizo. Cuando nuestra familia se sienta para comer, yo visualizo una cocina desordenada y platos que hay que lavar. Ellos ven el pan diario que su fiel Padre celestial les provee.

Vivimos en una época en la que no hay mayor error social que la impertinencia de ser sincero. Sin embargo, nuestros niños no se ríen a expensas de nadie, bailan como si nadie los viera y se desplazan a lo largo de sus días entusiasmados por la confianza y la alegría.

¿Por qué no querría alguien llegar a ser como un niño?

¿Por qué no querríamos aprender a chillar otra vez de alegría por los placeres simples? ¿A descansar completamente en Dios y a confiarle nuestro futuro?

Creo que eso fue precisamente lo que Jesús quiso decir.

El reino de Dios está lleno de estas virtudes características de los niños, si tan solo aprendiéramos a vivir de esa manera.

Vivimos en una época en la que no hay mayor error social que la impertinencia de ser sincero. Sin embargo, nuestros niños no se ríen a expensas de nadie, bailan como si nadie los viera y se desplazan a lo largo de sus días entusiasmados por la confianza y la alegría.

3

EL LLAMADO A CONFIAR

¡Sí, creo, pero ayúdame a superar mi incredulidad!

MARCOS 9:24

RECUERDO LA PRIMERA vez que tuve muchos problemas para dormir, hace un poco más de diecisiete años. Mi problema entonces no eran las preocupaciones generales, mucho menos preocupaciones por conciliar el sueño. El problema era que en mi casa había mucho ruido. No vivía arriba de un salón de baile ni cerca del aeropuerto local. Mi desafío era que mi primogénita, mi hijita Darby, lloraba toda la noche cuando la trajimos a casa por primera vez. No fue que mis oídos sensibles exageraran sus suaves quejidos. No, mi hija lloró por mucho tiempo y fuerte. La cargué, la cambié, le di de comer, le saqué el aire. Caminé con ella alrededor de la sala, tratando cualquier cosa que consideré que la calmaría.

Finalmente, alrededor de las cuatro de la mañana, me acordé de un consejo que había leído. La envolví, la acomodé en la silla para bebés del auto y, aunque algunos fruncirán el ceño por esto, puse la silla sobre la secadora de ropa y la encendí. Darby se durmió inmediatamente. Me derrumbé en el sofá más cercano y también me dormí. Una hora después, los dos nos despertamos con el timbre de la secadora que nos indicó que nuestra "ropa" estaba lista. No obstante, me alegra informar que Darby no tardó mucho en dormir bien, primero en su silla del auto sobre la secadora, después en su silla del auto en la cuna y, finalmente, solo en la cuna. A las seis semanas ya dormía bien toda la noche. Y yo también.

Parecía que no había pasado mucho tiempo cuando Dios nos bendijo con otro bebé, nuestro hijo Campbell, y todo el proceso comenzó otra vez. Seis más vinieron después de él, y el más joven es un niño que ahora empieza a andar. Esto significa, por supuesto, que durante los últimos diecisiete años he experimentado el reto de hacer que los bebés se duerman de una manera más bien personal. Por lo tanto, hablando existencialmente, me desconciertan los que se levantan con los ojos brillantes y rebosantes de energía y exclaman que "durmieron como un bebé." ¿Como un bebé? ¿Se refieren a que se despertaron constantemente, se quejaron y lloraron, los tuvieron que cargar, alimentar y sacar el aire, y luego, después de un paseo por la secadora, pudieron volver a dormirse? ¿Por qué a una noche de sueño pacífico le llamamos "dormir como un bebé"? "Una noche de descanso pacífico" serían las últimas palabras que usaría para describir los hábitos de sueño de un bebé.

Todo se reduce a lo que nos referimos con "dormir." Si nos referimos a las horas en las que otra gente duerme, los bebés frecuentemente "duermen" más bien mal. Sin embargo, si nos referimos al proceso o al acontecimiento de dormir, bueno, eso es algo totalmente distinto. Sospecho que describimos el sueño pacífico como "dormir como un bebé" precisamente porque cuando los bebés en realidad están dormidos, se ven tan pacíficos. Hasta se ven beatíficos. Son la pura imagen de paz, calma y satisfacción.

Generalmente, o más bien con el tiempo, los niños llegan a confiar en que sus simples deseos serán satisfechos. Confían en que sus mamás y sus papás suplirán sus necesidades. Mientras que los padres se preocupan en cómo mantenerse a flote, los niños rara vez se preocupan de esas cosas. Piensa en cómo los niños de la Gran Depresión hablan típicamente de su experiencia. No sufrieron de ansiedad. Generalmente afirman que ni siquiera se dieron cuenta de que eran pobres. Cuando los bebés duermen profundamente, están en paz, confiando en que están seguros y que tendrán provisión. A esa clase de confianza característica de los niños es a la que se nos llama.

Recuerdo vívidamente cómo me avergonzó mi primogénita en cuanto a esto, años después de su experiencia de dormir sobre la secadora. Nuestra familia enfrentó algunas dificultades, tanto financieras como de salud. Me preocupaba que los niños se inquietaran y quería que tuvieran tranquilidad. Quería que entendieran que había bienes allá afuera con los que podíamos contar, bienes que les pertenecían a los que nos amaban y que no permitirían que sufriéramos muy rigurosamente por las dificultades que se nos avecinaban. Por lo que los senté y les hablé de esas dificultades. Sin embargo, les aseguré que terminaríamos bien, aunque significara una Navidad relativamente escasa.

—¿Saben por qué no tenemos que preocuparnos? —pregunté al pensar en esos bienes.

Darby, que tenía nada más que once años, dio la respuesta correcta.

—Porque Dios nos ama.

Mi meta con este libro es que todos aprendamos a ser más como mi Darby, que confiemos en nuestro Padre celestial como ella lo hizo y todavía lo hace. Lo que buscamos es una actitud que se llama *fides implicita*, una fe implícita o confianza básica subyacente en la fidelidad de Dios. Esta es, por lo menos, la manera en que debemos confiar en nuestro Padre celestial.

Piensa en David. Ya sabes que la Biblia no nos da una afirmación clara de la edad de David cuando el pueblo de Israel fue amenazado por los filisteos. Sabemos que David todavía no era adulto, que todavía era un joven. Lo que me encanta de esta historia es la sencillez de su fe. Recuerda la historia. El ejército de Israel estaba acampado en una colina y el ejército de los filisteos, en la otra. Los tres hermanos mayores de David estaban en el ejército, mientras que David se quedaba en casa al cuidado de los rebaños. No hubo muchas batallas. En cambio, soportaban la constante jactancia y el desafío del campeón de los filisteos, Goliat. El texto describe vívidamente su tamaño temible y su armamento.

Goliat, un campeón filisteo de Gat, salió de entre las filas de los filisteos para enfrentarse a las fuerzas de Israel. ¡Medía casi tres metros de altura! Llevaba un casco de bronce y su cota de malla, hecha de bronce, pesaba cincuenta y siete kilos. También tenía puestos protectores de bronce en las piernas y llevaba una jabalina de bronce sobre el hombro. El asta de su lanza era tan pesada y gruesa como un rodillo de telar, con una punta de hierro que pesaba casi siete kilos. Su escudero iba delante de él.

1 SAMUEL 17:4-7

Durante cuarenta días Goliat exhibió un desafío verbal, con el que avergonzaba al ejército de Israel, los desafiaba e insistía en que enviaran a su propio campeón. Cuando David es enviado desde su casa con más comida para sus hermanos en el ejército, no llega con una estrategia cuidadosamente planificada. No observa una grieta en la armadura de Goliat ni diseña un elaborado plan para explotarla. Su confianza no se encuentra en el pensamiento superior y mucho menos en alguna clase de ventaja física. Su suposición es tan clara como básica: este hombre Goliat no solo está desafiando a David, no solo al ejército israelita, sino al Dios vivo y verdadero. Aunque Goliat es más grande que David y que cualquier otro hombre del ejército de los israelitas, no es más grande que Dios. Dios es el que dará la victoria.

Cuando David desciende al valle, después de rechazar la armadura y el armamento del rey Saúl, Goliat se mofa aún más.

Goliat caminaba hacia David . . . , mirando con
desdén al muchacho de mejillas sonrosadas.

—¿Soy acaso un perro —le rugió a David— para
que vengas contra mí con un palo?

Y maldijo a David en nombre de sus dioses.

—¡Ven aquí, y les daré tu carne a las aves y a los
animales salvajes! —gritó Goliat.

1 SAMUEL 17:41-44

Sin embargo, David no se preocupa en lo más mínimo. Uno
casi puede imaginar que en realidad se anima cada vez más,
a medida que más burlas llegan del enemigo. David sabe que
el Dios del cielo y de la tierra está escuchando cada palabra.
Mejor aún, David sabe que Dios es completamente digno de
confianza, por lo que responde:

—Tú vienes contra mí con espada, lanza y jabalina,
pero yo vengo contra ti en nombre del SEÑOR de
los Ejércitos Celestiales, el Dios de los ejércitos de
Israel, a quien tú has desafiado. Hoy el SEÑOR te
conquistará, y yo te mataré y te cortaré la cabeza. Y
luego daré los cadáveres de tus hombres a las aves y a
los animales salvajes, ¡y todo el mundo sabrá que hay
un Dios en Israel! Todos los que están aquí reunidos
sabrán que el SEÑOR rescata a su pueblo, pero no con
espada ni con lanza. ¡Esta es la batalla del SEÑOR, y
los entregará a ustedes en nuestras manos!

1 SAMUEL 17:45-47

David no salió a pelear. Salió a presenciar lo que haría Dios. Como Josué antes que él, sabía que la batalla le pertenecía al Señor. El único llamado de David era ser fiel. Los resultados estaban en el fuerte brazo derecho de Dios. La moraleja de la historia no es que David fue muy heroico. La virtud que impulsó a David no fue el valor ni la osadía. Fue a ese valle porque confiaba en Dios como un niño confía en su padre. Tenía una confianza implícita en que Dios cuidaba de él. Esa, más que la muerte de Goliat, es la victoria.

Por supuesto, el patriarca Job es todo menos un joven cuando lo encontramos en las Escrituras. Dios no lo libera como lo hizo con David. En lugar de eso, Dios lo entrega a Satanás. Job pierde su riqueza, su salud y su familia. No solo es entregado a Satanás para ser atormentado, sino que sus amigos, y hasta su esposa, resultan ser una carga adicional para él en su dificultad. Job, a diferencia de David en su juventud, no es consecuente en su confianza. No obstante, permanece firme por algún tiempo, incluso al hacer esta afirmación de tanta confianza: "Dios podría matarme, pero es mi única esperanza" (Job 13:15).

No obstante, observa cómo responde Dios cuando Job ya no puede contenerse, cuando pierde esa confianza implícita. En dos capítulos largos Dios le responde a Job. Sin embargo, su respuesta no es para informarle a Job acerca de la conversación de Dios con el diablo. Ni siquiera le da a Job una exposición amplia de cómo el sufrimiento obra para nuestro bien y nos enseña paciencia. En lugar de eso, en la extensión de esos dos capítulos Dios habla de sí mismo, de su poder, de su sabiduría:

Entonces el SEÑOR respondió a Job desde el torbellino:
"¿Quién es este que pone en duda mi sabiduría
   con palabras tan ignorantes?
Prepárate, muestra tu hombría
   porque tengo algunas preguntas para ti
   y tendrás que contestarlas.
"¿Dónde estabas tú cuando puse los cimientos
     de la tierra?
   Dímelo, ya que sabes tanto.
¿Quién decidió sus dimensiones
   y extendió la cinta de medir?
¿Qué sostiene sus cimientos
   y quién puso su piedra principal
mientras las estrellas de la mañana cantaban a coro
   y todos los ángeles gritaban de alegría?
"¿Quién contuvo el mar dentro de sus límites
   cuando brotó del vientre
y cuando lo vestí de nubes
   y lo envolví en densa oscuridad?
Pues lo encerré detrás de portones con rejas
   y puse límite a sus orillas.
Dije: 'De aquí no pasarás.
   ¡Aquí se detendrán tus orgullosas olas!'
"¿Alguna vez has ordenado que aparezca la mañana
   o has causado que el amanecer se levante por el
     oriente?
¿Has hecho que la luz del día se extienda hasta los
     confines de la tierra

para poner fin a la perversidad de la noche?
A medida que la luz se aproxima,
    la tierra va tomando forma como el barro bajo un
        sello;
    se viste de brillantes colores.
La luz molesta a los malvados
    y detiene el brazo que se levanta para hacer violencia.
"¿Has explorado las fuentes donde nacen los mares?
    ¿Has recorrido sus profundidades?
¿Sabes dónde se encuentran las puertas de la muerte?
    ¿Has visto las puertas de la absoluta penumbra?
¿Tienes idea de la magnitud de la tierra?
    ¡Dímelo, si es que lo sabes!"

JOB 38:1-18

La respuesta de Dios es que él es más grande que Job. Afirma lo pequeño que es Job, lo infantil que es. El argumento no es que Dios es un ser supremo y Job es solamente un ser creado y, por lo tanto, Job no tiene motivo moral para mantener su queja. Dios no está haciendo valer su rango. Ni sugiere que la mente de Job simplemente es demasiado pequeña como para comprender que los pensamientos de Dios no son nuestros pensamientos. Más bien afirma y demuestra, a través de la gloria de la creación, su credibilidad inescrutable.

En otras palabras, Dios es digno de toda confianza. Su palabra es confiable no solo porque él es bueno, porque es sabio, porque es demasiado moral como para decir una mentira. Más bien, Dios no puede decir una mentira porque la misma naturaleza de la realidad está entretejida con lo que sale de su boca. Es decir, no puede mentir porque sus palabras crean realidad. Aprendí esta verdad en la universidad. Un profesor joven y popular del campus me invitó a participar en un estudio bíblico del que era anfitrión. Había diez varones jóvenes allí cada semana. El maestro explicaba que nos había elegido porque tenía mucha confianza en que nosotros podríamos transformar nuestro campus. No puedo decir con seguridad cuáles eran sus motivos, pero esa afirmación ciertamente incitó mi orgullo. Así que una noche, cuando él preguntó algo que parecía ser una interrogante bastante tonta, mi orgullo se acrecentó con el reto. Él preguntó:

—R. C., ¿qué pasaría si Dios te dijera: "R. C., eres un auto"?

Aproveché la oportunidad para explicar cómo el universo implosionaría en sí mismo porque todo el principio de orden del universo estaba ligado al carácter de Dios. Si él pudiera mentir, el universo no podría mantenerse unido. El maestro descartó mi respuesta, por lo que intenté con otra.

—Bueno, si Dios dijera que soy un auto, entonces sabríamos que la Biblia no es la verdad, y por lo tanto todas nuestras esperanzas se desvanecerían. Significaría que cuando Dios dice: "Cree en el Señor Jesucristo y serás salvo," eso también sería una mentira.

—No —dijo mi profesor—. Eso no es lo que busco. R. C., si Dios dijera: "Eres un auto," tus manos y tus pies se convertirían en llantas. Tu pecho instantáneamente se transformaría en un motor de pistones. Tus ojos se volverían luces delanteras.

Podemos confiar en Dios implícitamente porque su palabra es a la realidad lo que el toque de Midas era al oro. Él habla y las cosas ocurren.

Jesús insistió en este punto cuando les enseñó a orar a sus discípulos. Los discípulos querían que Jesús les enseñara a orar, así como Juan el Bautista les había enseñado a sus discípulos a orar. Así que Jesús les dijo a sus discípulos: "Cuando oréis, decid: Padre nuestro que estás en los cielos" (Lucas 11:2, rvr60). Frecuentemente me pregunto si los discípulos siquiera escucharon el resto de la oración. Si hubiera estado allí, sospecho que mi cerebro habría estallado con esa primera frase. Jesús nos dice que hablemos con el Creador del cielo y de la tierra, que nos dirijamos a él como nuestro Padre. Somos sus hijos. No oramos: "Oh Grandioso y Exaltado . . ." En lugar de eso hablamos con nuestro Padre que nos ama como un padre.

Juan expone el mismo argumento cuando dice: "Miren con cuánto amor nos ama nuestro Padre que nos llama sus hijos, ¡y eso es lo que somos!" (1 Juan 3:1). Para que no descartemos esto como semántica, para que no pensemos que la obra de Cristo simplemente nos hace miembros honorarios de la familia de Dios —es decir, que simplemente *nos llama* hijos de Dios—, Juan continúa: "Queridos amigos, ya *somos* hijos de Dios" (v. 2, énfasis agregado). Eso es lo que somos. Nuestro Padre es el que existe por sí mismo, el Creador que hizo todas las cosas. Ese es nuestro papá. ¿Podemos hacer algo más que confiar?

Ni siquiera nuestros pecados estropean o destruyen su

amor por nosotros. Nuestro Padre se hizo cargo de cualquier ira provocada por nuestro pecado constante hace casi dos mil años. Sé que de todos los temores terrenales que he tenido, uno sobresale por encima de los demás. A pesar del amor y estímulo constantes de mi padre terrenal, siempre he temido que de alguna manera lo pueda decepcionar. Sin embargo, mi Padre celestial nunca se decepciona de mí. Por Cristo soy su hijo, en quien él se agrada mucho.

Como lo hizo con Job, mi Padre celestial permite el dolor en mi vida, pero siempre lo hace para mi propio bien. Esta es otra razón por la que él es el gran Médico. A veces los doctores pueden lastimarnos, aunque cualquier dolor que puedan ocasionar es para nuestro bien. Una vez, el doctor tuvo que pedirme que fuera yo el que causara el dolor. Nuestra tercera hija apenas tenía dos años y medio o tres cuando, sin saberlo nosotros, su curiosidad creó un desafío. Mientras jugaba en el piso de nuestra sala, encontró un pequeño círculo azul, de no más de un centímetro de diámetro. Era parte de un juguete más grande. Mi hijita aparentemente tuvo tanta curiosidad del olor de ese pequeño disco que se lo metió en la nariz.

Con el tiempo la nariz comenzó a molestarla, por lo que le dimos un vistazo. Ahí vimos el pequeño círculo cada vez que ella exhalaba. Cuando inhalaba, el círculo regresaba a su cavidad nasal. Tratamos todo lo que se nos ocurrió para sacarlo, pero nada funcionó. Por lo que con pena nos dirigimos a la clínica del doctor. Nuestro médico de familia tampoco pudo retirar la molesta cosa azul blanda. Nuestra siguiente parada fue en la sala de emergencias. El doctor de emergencias trató esto y aquello, y cada vez sacaba una herramienta más espantosa. Finalmente se le ocurrió una idea brillante: boca a boca a la inversa. Fue allí donde intervine.

El doctor me dio instrucciones para que cerrara la fosa nasal que no estaba obstruida. Le susurré a mi hijita que no tuviera miedo, que papi iba a tratar de ayudarla. Aunque había temor en sus ojos, se quedó quieta. El doctor le dijo que abriera la boca, me dijo que pusiera mi boca en la de ella, y me dijo que soplara. Mi aliento —y el objeto que obstruía— salieron de su fosa nasal izquierda. Mi niñita tuvo que confiar en mí, así como yo tuve que confiar en el doctor, y ella estuvo bien. Ella no necesitó de una explicación complicada sobre lo que estaba ocurriendo. Tampoco pidió un "consentimiento informado." Fue suficiente que su papá le pidiera que lo hiciera, porque ella sabía que podía confiar en él.

Para los niños esta clase de confianza es bastante natural. Estamos bajo el cuidado de un Padre que no solo nos ama, sino que también es todopoderoso. Eso no significa simplemente que su poder es suficiente para derrotar a cualquier otro poder, sino que cualquier otro poder depende de él para su misma existencia. Todo el poder es, en última instancia, suyo. Él nos ha prometido que "Dios hace que todas las cosas cooperen para el bien de quienes lo aman y son llamados según el propósito que él tiene para ellos" (Romanos 8:28). Cuando estamos atrapados en nuestros problemas, cuando estamos abrumados por las penas, tendemos a pensar que este texto es un cliché, que es inapropiado para nuestro contexto. No obstante, la dura verdad es que nada puede ser más apropiado.

Él sabe todo lo que pasa en nuestra vida. Sin embargo, no lo sabe porque lo vea ocurrir. Dios no es omnisciente simplemente porque se siente en lo alto a presenciarlo todo. Dios es omnisciente primero porque no es simplemente un espectador. Él escribió la historia antes de que ocurriera algo de ella. Mejor aún, Dios es como Shakespeare. Escribió la historia, pero también la escribió con un papel para sí mismo. Es decir, Dios actúa en el tiempo y en el espacio. Por eso es que David se enfrentó a Goliat con tanta confianza. Dios caminaba con él, tal como Dios lo había planificado. Por eso es que Job pudo confiar en él, porque los acontecimientos de la vida de Job estaban todos planificados desde antes del tiempo y porque Dios caminaba con Job.

Por lo tanto, cuando surjan las dificultades, sabemos que Dios las ha elegido, incluso las ha envuelto como regalo para nosotros, con su mejor propósito: para que seamos más semejantes a su Hijo. Afortunadamente, su meta no es que estemos más cómodos. Ni que disfrutemos una vida de holgura. Más bien él está decidido a hacer la cosa más gloriosa que pudiera hacer por nosotros. Nos está rehaciendo a la imagen de su Hijo, que es la imagen expresa de su gloria. Nos está enseñando a confiar en él, así como su Hijo confió en él, incluso hasta la muerte. Aunque Dios el Padre sacrificó a Jesús el Hijo, Jesús confió en él.

Cuando era niñito, no era inusual que mi padre y mi madre invitaran a cenar a estudiantes del seminario en nuestra casa.

El comedor se llenaba de conversación teológica. Mi padre es una fuente auténtica de sabiduría, y estos estudiantes habían venido a escuchar. Sin embargo, a veces, quizá para aclarar cualquier duda que pudieran tener en cuanto a él, o más probablemente como un desahogo cómico de la pesada conversación, mi padre me hacía una pregunta teológica:

—Hijo, ¿quién escribió la Biblia?

Yo respondía con la mayor seguridad, para la risa y deleite de los demás en la mesa:

—Fuiste tú, papi.

Aunque no todo niño tiene un padre teólogo, los niños sí tienden a pensar que sus padres lo saben todo. Cuando sus papis les dicen algo, no importa lo imposible que sea, ¿no son rápidos para creer?

Piensa en la idea de Papá Noel. Algunos padres les dicen a sus hijos que hay un hombre que vive en el Polo Norte cuya única pasión es hacer juguetes todo el año. Este hombre es capaz de saber qué niños han sido malcriados y quiénes han sido buenos. Un enorme ejército de enanitos lo ayuda con su trabajo. Una vez al año, con la fuerza de un equipo de renos voladores, este hombre logra llegar a cada casa del planeta para entregar juguetes a todos los niños y, por supuesto, tiene tiempo para probar las galletas que le dejamos. Sin embargo, no es la magia de la historia lo que la hace tan atractiva para los niños. Es el poder de un padre que hace que lo increíble sea creíble.

Por lo general, los niños carecen de duda, de escepticismo, de incredulidad. Creen todo lo que les decimos. Mi primer hijo varón nació en Florida y se crió en el suroeste de Virginia. No tiene vínculos directos con el occidente de Pennsylvania, pero su corazón está comprometido con el club de béisbol de los Pittsburgh Pirates, con el equipo de hockey de los Pittsburgh Penguins y, especialmente, con los Steelers de Pittsburgh, que han ganado el Súper Tazón seis veces. ¿Por qué? Por supuesto que hay argumentos razonables y cuidadosamente elaborados en favor de la superioridad objetiva de los Steelers. Sin embargo, esa no es la razón por la que mi hijo cree en ellos. Es porque eso es lo que yo le he enseñado, las lealtades que mi padre me enseñó a mí.

El apóstol Pablo vincula esta clase de confianza infantil con el llamado que todos los cristianos tenemos de amarnos unos a otros. En el famoso "capítulo del amor," 1 Corintios 13, entre los atributos del amor está este: "[El amor] no piensa el mal" (v. 5, RVA). Los adultos somos rápidos para pensar lo peor de los demás, mayormente por lo bien que nos conocemos a nosotros mismos. Sospechamos que los demás tienen malas intenciones, malos pensamientos, porque somos precisamente culpables de lo mismo. Por otro lado, los niños tienen espíritus más cándidos. No piensan el mal. Confían en los demás porque asumen que la gente tiene buenas intenciones, al igual que ellos.

Dicho esto, incluso mientras concluye con su exposición acerca del amor, Pablo a su vez trata con el llamado a la madurez. Posteriormente veremos esto en cierta medida. Permítame ser claro: el llamado a ser confiado y cándido como los niños no es una invitación a permitir que nos lastimen. Estoy muy consciente de que la Biblia no solo nos llama a ser como niños, sino que nos llama a ser "astutos como serpientes e inofensivos como palomas" (Mateo 10:16). Hay verdaderos peligros afuera, de los que tanto nosotros como nuestros niños debemos estar conscientes. Por otro lado, hay veces en las que se traiciona nuestra confianza, cuando nos hieren precisamente porque hemos confiado. Tenemos que tomar decisiones, y aunque nuestra cultura más amplia nos empuja en la dirección de la duda, Dios nos llama a una confianza más profunda.

Considera esta historia de Tomás de Aquino, el gran teólogo escolástico. La historia se lleva a cabo mucho antes de que su reputación se extendiera a lo que es ahora, cuando Tomás era todavía estudiante. Cuando aún no se le conocía como el Doctor Angélico, como la historia lo recordaría, Aquino tenía otro apodo. Sus compañeros de clase lo llamaban el Buey Mudo. Este gigante amable estaba dotado de un gran intelecto, pero aun así se le consideraba lento. A sus compañeros de clase les parecía divertido burlarse de él, incluso de su extraordinaria capacidad para confiar.

Se cuenta la historia de una broma que los compañeros de clase le jugaron a Tomás. Por alguna razón, llegó tarde a la clase. El profesor todavía no había llegado y el resto de los estudiantes se juntaron alrededor de la ventana de la clase, estirando el cuello para tratar de mirar hacia fuera. Cuando Aquino entró al salón, naturalmente preguntó de qué se trataba todo el alboroto. Sus compañeros le explicaron que había una manada de cerdos que volaba por el cielo, justo afuera de la ventana. Mientras Tomás se apresuraba hacia la ventana para poder ver bien, sus compañeros se hicieron a un lado y estallaron en una risa escandalosa. Mientras más trataba de ver Tomás, más se reían los compañeros.

Finalmente, Tomás se dio cuenta de que había sido víctima de una broma. Mientras sus compañeros trataban de controlar la risa, uno le preguntó: "Tomás, ¿en realidad creíste que los cerdos podían volar?" Tomás se rió de último cuando humildemente respondió: "Me es más fácil creer que los cerdos puedan volar que mis compañeros pudieran mentirme." Si rehusamos tener la fe de los niños, nunca seremos víctimas de esas mentiras. Si adoptamos la perspectiva escéptica del incrédulo acerca de las afirmaciones de los demás acerca de la verdad, sin duda filtraremos cualquier cantidad de embustes, pero también nos perderemos la oportunidad de experimentar la inocencia característica de los niños y haremos que el mundo sea un lugar más oscuro y siniestro.

Si rehusamos tener la fe de los niños, nunca seremos víctimas de esas mentiras. Si adoptamos la perspectiva escéptica del incrédulo acerca de las afirmaciones de los demás acerca de la verdad, sin duda filtraremos cualquier cantidad de embustes, pero también nos perderemos la oportunidad de experimentar la inocencia característica de los niños y haremos que el mundo sea un lugar más oscuro y siniestro.

Mi meta aquí no es reducir tu escepticismo en cuanto a mí. Yo no soy tu padre. No soy mi padre y, sin duda alguna, no soy el Padre. De hecho, deberíamos ser más cautelosos con las personas que están más resueltas a ganar nuestra confianza. El mundo está lleno de hombres y mujeres grandiosos que nos decepcionarán. Todos nuestros héroes tienen pies de barro. Sé que mis hijos tienen razón para sentirse decepcionados de mí. Sé más de lo que me gustaría saber acerca de mis propios héroes teológicos. Todos somos indignos de confianza.

El llamado a confiar como los niños es el llamado a confiar en nuestro Padre celestial. Esta confianza no es algo que hayamos hecho solo una vez, cuando llegamos a la fe salvadora: algo que simbolizamos en el campamento de la iglesia al lanzar nuestra piña de pino al fuego, o cuando caminamos por el pasillo o hicimos la oración del pecador. Esta confianza no es algo que nos da paz con Dios y luego nos olvidamos de ella. Es la misma confianza a la que se nos llama a medida que crecemos en gracia y sabiduría. Debemos confiar en Dios para nuestra santificación, de la misma manera en que lo hacemos para nuestra justificación. Claro que se nos llama a cooperar con el Espíritu a medida que llegamos a ser más justos. No obstante, cooperamos con el Espíritu de mejor manera a medida que confiamos más profundamente en el Padre, mientras clamamos como el padre del hijo que era sordo y mudo: "¡Sí, creo, pero ayúdame a superar mi incredulidad!" (Marcos 9:24).

Creo que confiamos mejor cuando nos tomamos el tiempo para estudiar y para recordar la confiabilidad de Dios. Enfrento un reto peculiar cada vez que abro mi Biblia. Como profesor, es demasiado fácil para mí ver la Biblia simplemente como un libro para estudiar. Sin duda, creo que es un libro único, la Palabra de Dios, sin errores e infalible. Sin embargo, todavía puedo verla como un objeto de estudio y no como un libro que me estudia a mí. Cuando la Biblia es el objeto de mi estudio, se me olvida de quién soy hijo. Debido a que he sido adoptado en la familia de Dios por el poder del Espíritu Santo y de la vida y muerte del Hijo, el libro de Dios es ahora la historia de mi familia. Por fe soy hijo de Abraham, lo que significa que cuando Dios liberó a Abraham, cuando le demostró su fidelidad al sacarlo de Ur de los caldeos, él demostró su fidelidad para con mi familia.

Cooperamos con el Espíritu de mejor manera a medida que confiamos más profundamente en el Padre, mientras clamamos como el padre del hijo que era sordo y mudo: "¡Sí, creo, pero ayúdame a superar mi incredulidad!" (Marcos 9:24).

Cuando mi padre Abraham caminó con mi hermano Isaac hacia el monte Moriah, lo hizo como un hijo de Dios que confiaba en su Padre. Cuando Abraham alzó su cuchillo para sacrificar a su hijo, el hijo de la promesa, aunque nadie en el planeta había resucitado jamás, aunque todos los que habían muerto hasta entonces habían permanecido muertos, aunque el mismo Dios no había dicho nada acerca de la resurrección, Abraham creyó. Él confió. Esa es la historia de mi familia.

Mis hermanos y mis primos salieron de Egipto después de cuatrocientos años de esclavitud, aún con pesadas cargas. No obstante, cuando salieron, llevaban el oro, la plata y las joyas preciosas de Egipto que ahora les pertenecían. Cuando el ejército del faraón los persiguió y sus espaldas estaban hacia el mar Rojo, los que tenían fe como la de los niños no gritaron que estaban condenados o que Dios los había abandonado. En lugar de eso, estuvieron extasiados, llenos de anticipación, preguntándose qué milagro obraría Dios a continuación.

Mis hermanos y primos Sadrac, Mesac y Abed-nego confiaron en Dios como los niños confían en un padre fiel y rehusaron inclinarse ante la estatua de Nabucodonosor. Ellos demostraron su confianza de una manera muy peculiar. No le dijeron al rey: "Espera a ver lo que nuestro Padre hará por nosotros. Será mejor que pongas atención." En lugar de eso, confirmaron dos verdades grandiosas y de confianza: Dios podría salvarlos (él tenía el poder de hacerlo). O podría no hacerlo. Esto no tenía importancia para los tres jóvenes. Nuestro Padre envió a nuestro Hermano mayor para que caminara entre las llamas con ellos.

Finalmente, Esteban era mi tío. Su historia es mi historia. Después de predicar fielmente la Buena Noticia de Jesucristo, no fue rescatado como Sadrac, Mesac y Abed-nego. No, él fue rescatado de una manera totalmente distinta. Le lanzaron piedras y Esteban perdió su vida terrenal. Sin embargo, antes de morir, Esteban tuvo un vistazo del Juez del cielo y de la tierra, parado en su defensa. Esteban confió.

Dios nos ha dado estas historias no solo para que las estudiemos, sino para que las *creamos*. Estas son las historias de nuestra familia. Cada vez, en todas y cada una de ellas, Dios demuestra que es total y completamente confiable. Esa es su naturaleza. Él es nuestro Padre, que nos ama y que siempre, *siempre* hace lo mejor para nosotros. Por lo tanto, él nos llama a confiar en él, cada momento de cada día. Que él nos dé la gracia para responder con gozo: "Sí, papi."

4

EL LLAMADO AL ASOMBRO

Los cielos proclaman la gloria de Dios
  y el firmamento despliega la destreza de sus manos.
SALMOS 19:1

LOS RECIÉN NACIDOS me parecen fascinantes. Quisiera saber
cómo es posible entender lo que ocurre en las mentes de los
que aún no pueden hablar. Aunque no me explico cómo es
que pueden llegar a sus conclusiones, una vez leí que algunos
científicos creen (o por lo menos creían; estas cosas tienden
a cambiar rápidamente con el tiempo) que los recién nacidos
no son capaces de diferenciarse del mundo que los rodea.
En otras palabras, según esta teoría, los recién nacidos no
saben dónde terminan ellos ni dónde comienza su colcha.
No saben, aun cuando los tenemos en los brazos, que somos
algo aparte y distinto de ellos. Su identidad abarca todo lo
que sus sentidos pueden captar.

¿Puedes imaginarte cómo se siente eso? Sé cómo se siente tener dificultades para creer que algo es en realidad uno mismo. Cuando veo mi cintura, que no se detiene donde debería hacerlo, sino que insistentemente sobrepasa mi cinturón, tengo la sensación de ser más grande de lo que soy. Cuando mi cabeza se deja ver entre el pelo, experimento algo de la misma sensación. No obstante, sin importar cuánto cabello pierda, sin importar cuánto peso aumente, sé que hay un límite en mí.

Por fortuna, desde luego, aunque la teoría de los recién nacidos sea correcta, los bebés finalmente llegan a entender sus propios límites. Entonces, ¿cómo será *eso*? ¿Sentirán que se encogen? A los seis meses de edad, ¿verán a sus colchas con una sensación de añoranza y de nostalgia? ¿Será que piensan: *Me acuerdo cuando estábamos tan cerca que parecías formar parte de mí. ¿Qué nos pasó, Colchita?*

Tan extraño como el increíble y estrecho mundo de los recién nacidos pueda resultar, ¿cuánto más extraño es el mundo creciente del bebé que acaba de nacer? El útero es en realidad un lugar cómodo y seguro, pero es también apretado y pequeño. Si los bebés pudieran tener un blog, sospecho que no tendrían demasiado que decir: "Hoy cambié de postura y presioné contra las paredes de la realidad. Mañana probablemente haré justamente lo mismo." Sin embargo, su mundo cambia inmensamente al nacer. Su mundo se expande de la matriz a, bueno, todo el mundo. Ellos solo han visto indicios de luz; solo han escuchado sonidos amortiguados. No obstante, ahora todo el mundo se abre ante ellos. De repente no son demasiado grandes para el mundo, sino muy, pero muy pequeños.

Piensa en cómo se sacudiría nuestra vida si alguien descubriera no a extraterrestres, sino a humanos viviendo en el lado oscuro de la luna. Imagínate que encontráramos allí no a gente más sofisticada que nosotros, que pudiera haber construido naves voladoras en siglos previos al resto de nosotros. No, es gente primitiva. Recuerda que se requirió mucho más tiempo para que Colón y sus hombres atravesaran el océano de lo que se demoraron los astronautas en viajar de la tierra a la luna. En el caso de Colón, no fue solamente una masa de tierra nueva lo que se descubrió, sino una masa de tierra poblada por seres humanos, portadores de la imagen de Dios.

¿Nos haría un poco más escépticos ese descubrimiento en cuanto a lo que pensamos que sabemos? ¿No perderíamos todos por lo menos un poco de la confianza en esas cosas de las que ahora estamos tan seguros? Si el mundo pudiera ser tan distinto a como lo percibimos, ¿no seríamos más lentos para confiar en nuestras propias percepciones de la realidad?

Descubrir que no estamos solos y descubrir que no somos tan inteligentes como pensamos que éramos podría llevarnos en una de dos direcciones. Sin duda podríamos hacer pucheros. Podríamos volvernos cínicos considerando a la creación como si nos hubiera engañado al esconder de nosotros parte de sí misma por tanto tiempo. Podríamos rehusarnos a afirmar y a creer cualquier cosa. Podríamos también considerarnos demasiado expertos, demasiado sofisticados, demasiado adultos como para creer en cualquier cosa.

Sin embargo, la otra opción sería deleitarnos, no solo en lo que aprendemos del mundo, sino embelesarnos en lo que nos dice sobre nosotros mismos. Podríamos regocijarnos en el hecho de que no somos tan inteligentes como nos considerábamos, que el mundo no solo es mucho más grande que nosotros, no solo más grande de lo que pensábamos, sino que tiene más que unos cuantos trucos planeados. Podríamos ver el mundo por lo que es: una manifestación gloriosa de la gloria de nuestro Hacedor. Si servimos a un Dios de sorpresas —y así es— y si su creación es un reflejo de lo que es él, entonces no debería sorprendernos descubrir que su creación está llena de sorpresas. Eso debería producir en nosotros una sensación de asombro.

C. S. Lewis, una vez más, proporciona gran sabiduría aquí. En su ensayo "Meditation on a Tool Shed" ("Meditación en un cobertizo de herramientas"), publicado en una colección de ensayos, *Dios en el banquillo*, Lewis explica un momento de revelación que tuvo en su propio cobertizo de herramientas. Describe cómo la luz del sol brillaba a través de una grieta en la puerta y proporcionaba un rayo de luz con el que se podían ver elementos del cobertizo, pero a través de la cual también se podía ver el mundo exterior. El rayo, o banda de luz, explica, no es el final de nuestra visión, aunque se puede ver. Es más bien la fuente de nuestra vista. Por la luz podemos ver.

Lo mismo es cierto con respecto a la creación. No es el fin en sí. Sin embargo, es gracias a ella que podemos ver no solo la creación sino al Creador. Reflexiona en las palabras de David acerca de lo que la creación nos dice:

Los cielos proclaman la gloria de Dios
   y el firmamento despliega la destreza de sus manos.
Día tras día no cesan de hablar;
   noche tras noche lo dan a conocer.
Hablan sin sonidos ni palabras;
   su voz jamás se oye.
Sin embargo, su mensaje se ha difundido por toda
     la tierra
   y sus palabras, por todo el mundo.

   Dios preparó un hogar para el sol en los cielos,
y este irrumpe como un novio radiante luego de
     su boda.
   Se alegra como un gran atleta, ansioso por correr
     la carrera.
El sol sale de un extremo de los cielos
   y sigue su curso hasta llegar al otro extremo;
   nada puede ocultarse de su calor.

SALMOS 19:1-6

Mostramos nuestro propio cinismo —nuestra falta del asombro característico de los niños— cuando pasamos nuestros ojos por estas palabras y las reducimos a un argumento acerca de lo que los teólogos llaman *revelación natural*. A algunos les gusta la noción de que Dios se revela a sí mismo por medio de la naturaleza. Otros están en contra de ella. Así que estas palabras en Salmos 19 llegan a ser una clase de fútbol teológico, un texto que apoya un lado y que el otro lado busca reducir. Creemos que el texto nos dice algo tan modernista como esto: que los elementos asombrosamente diseñados de la creación hablan de la realidad del Creador. El mundo es un reloj muy sofisticado; eso significa que tiene que haber un relojero.

Ahora bien, la creación claramente y sin ambigüedades habla de la necesidad de un diseñador. No obstante, ¿en realidad creemos que eso es lo que David trata de decirnos? ¿Escribió David un salmo o poema para ser usado como herramienta en una batalla contra el darwinismo, que estaba a miles de años en su futuro? ¿O buscaban David y el Espíritu Santo comunicar algo que es al mismo tiempo aún más básico y más asombroso?

Que los cielos proclamen y que el firmamento despliegue no es fortuito para lo que son. Yo hablo (y hablo mucho), pero aunque me quedara mudo, seguiría siendo yo. Mi hablar no me define. En contraste, el universo habla porque precisamente para eso fue hecho.

La mayoría de nosotros, en alguna u otra ocasión, ha mirado al cielo de la noche y se ha preguntado por qué Dios habrá hecho un universo tan gigantesco solo para nosotros. La respuesta a esa pregunta es simple: no lo hizo. Bueno, él sí hizo el universo, pero no para nosotros. Lo hizo para sí mismo, para hacer evidente su gloria.

Cuando David celebra el hecho de que los cielos no cesan de hablar de día y que de noche revelan conocimiento, ¿qué conocimiento está siendo revelado? El salmo da la respuesta al inicio. Todas las estrellas de todas las galaxias, todos los electrones que orbitan en cada núcleo, dicen lo mismo: *Dios es glorioso; Dios es glorioso.* Mientras más nos asemejemos a los niños, más tendremos oídos para oír ese refrán y un corazón lleno del asombro que inspira.

Irónicamente, una de las maneras en las que nos perdemos el experimentar asombro por la gloria de la Creación se encuentra en cómo pretendemos describir esa gloria. Correctamente le atribuimos la gloria a Dios por la manera en que ha diseñado el universo. Con razón nos maravillamos por la manera en que encajan las cosas, cómo "funciona" el universo. ¿Has escuchado alguna vez a alguien explicar la manera en que el planeta Tierra se inclina sobre su eje, precisamente de la manera correcta? ¿Que si la tierra se inclinara solamente un grado más hacia el sol, seríamos una bola ardiente de fuego, y si se inclinara solo un grado más lejos del sol, seríamos una bola congelada de hielo? Es cierto y es glorioso, pero supone algo que no deberíamos asumir: que Dios en su papel de creador se comporta simplemente como un ingeniero.

Todas las estrellas de todas las galaxias, todos los electrones que orbitan en cada núcleo, dicen lo mismo: Dios es glorioso; Dios es glorioso. *Mientras más nos asemejemos a los niños, más tendremos oídos para oír ese refrán y un corazón lleno del asombro que inspira.*

La ingeniería es un campo maravilloso. Estoy tremendamente agradecido por el don que los ingenieros han recibido, especialmente cuando me llevan a lugares lejanos en una muy bien diseñada máquina que vuela. Sin embargo, los ingenieros funcionan en un mundo lleno de axiomas. Es decir, diseñan cosas para que encajen en el mundo como es. Cuando construyen un puente, tienen que tomar en cuenta las tasas de transferencia de calor del concreto y la resistencia a la tensión de las barras de hierro que usan. Incluso deben tomar en cuenta el impacto de las vibraciones, ya que el movimiento ocasiona oscilaciones que podrían afectar negativamente la fortaleza del puente. No puedo siquiera imaginar todas las consideraciones con las que trabajan.

Sin embargo, Dios no tuvo que tener en cuenta nada. Lo asombroso acerca de la creación del universo no es cuán maravillosamente Dios unió todas las piezas. No había piezas. No había reglas. Dios pudo haber hecho un sol que irradiara frío en lugar de calor, que oscureciera todo en lugar de iluminarlo. Pudo haber hecho un mundo como el nuestro, excepto que al revés y de cabeza. Dios no "tenía que" inclinar el mundo de esta manera. No "tenía que" inclinarlo de aquella.

El universo no es ningún mecanismo de reloj, algo que parece tener vida y vitalidad, pero que por dentro solamente es una máquina. No es una máquina en absoluto. No, el universo es una danza. Funciona como lo hace, no por una necesidad de eficiencia sino por el deseo de Dios de mostrar belleza. Dios no es un ingeniero y el universo no es una máquina. Más bien, Dios es un coreógrafo y el universo es una danza. El universo de Dios nos muestra quién es Dios y, por lo tanto, una respuesta de asombro hacia el universo nos lleva a una sensación más profunda de asombro en cuanto a él.

El asombro, en pocas palabras, es una experiencia profunda de lo pequeño que soy y de lo grande que es Dios. Esto es distinto al conocimiento profundo de la diferencia entre nosotros y Dios. La distinción es sutil, pero es importante. Si les hiciéramos un examen a todos los evangélicos con esta sencilla pregunta: "¿Es Dios infinitamente más grande que usted?," sospecho que todos darían la respuesta correcta. No hay ninguna subcultura en la iglesia, ningún ministerio paraeclesiástico que mantenga esto como el compromiso que los define: "Yo soy muy grande y Dios no es tan grande." Todos sabemos en nuestra mente que Dios es grande. El Catecismo Menor de Westminster formula esta pregunta: "¿Qué es Dios?" y la responde de esta manera: "Dios es un Espíritu, infinito, eterno e inmutable en su ser, sabiduría, poder, santidad, bondad, justicia y verdad." Infinito es bastante grande. Dios es invariablemente infinito en su ser. También sabemos en nuestra mente que somos pequeños.

El problema es que frecuentemente existe una desconexión entre nuestra cabeza y nuestro corazón. Nuestra boca dice que somos pequeños, pero nuestro corazón cree que somos grandes. Piensa en Eva. Allí estaba ella, caminando en un paraíso que se creó en el espacio de seis días. Sabía que era una criatura nueva, que tenía más en común con las hormigas del Jardín que con el que la había hecho a ella, a las hormigas y al Jardín. Su cerebro estaba despejado del pecado. Aun así, la serpiente pudo seducirla con su promesa estrafalaria: "Serán como Dios" (Génesis 3:5). Eva quería crecer, y hacerlo antes de tiempo. Un niño se habría reído de esa idea.

El asombro, entonces, no es simplemente el conocimiento de que Dios es grande y nosotros somos pequeños. Es más bien *la aceptación gozosa de esta verdad*. Es curiosidad por esta gran brecha, considerándola como algo no para resentir sino para celebrar y disfrutar. Piensa en la nieve. Sí, en la nieve. El adulto ve la nieve de una manera y el niño de otra totalmente distinta. El adulto dueño de una casa puede ver trabajo, peligro y gastos. Los que viajan al trabajo tienden a caminar con pesadez por la nieve, encorvados, tratando de enterrar la cabeza en el pecho. Los niños la ven de una manera totalmente diferente.

> *El asombro no es simplemente el conocimiento de que Dios es grande y nosotros somos pequeños. Es más bien la aceptación gozosa de esta verdad.*

¿Has visto sus ojos cuando ven caer la nieve por la ventana? Los niños caminan por la nieve con sus rostros hacia el cielo, con la lengua hacia afuera para atrapar un copo. Los adultos suspiran cuando ven la nieve. Los niños quedan boquiabiertos de la alegría.

La nieve es el matrimonio ejemplar de la complejidad en armonía. Millardos de millardos de notas únicas caen juntas en un crescendo de unidad blanca. Si alguna vez tuvieras la bendición de estar lo suficientemente lejos de la cacofonía de la civilización cuando cae una nieve fuerte, hasta podrías oír la música misma del delicado rocío congelado en descenso. Es la pintura de un paisaje con mil tonos de blanco. Es la danza del viento. Es como si, por un momento, ingresáramos a la maravilla de Narnia, o de la Tierra Media, para danzar en medio del milagro del maná líquido. En efecto, cuando la nieve comienza a caer, imagino a Dios como un Tom Bombadil celestial, de *El Señor de los Anillos*, que camina y silba por su cielo, que mete las manos en sus bolsillos para sacar puñados de alegría y lanzarlos en su creación.

En la nieve vemos la extravagancia de la creación, recordando nuevamente que Dios hizo el universo para su gloria. La creación, después de todo, tiene que haber sido una cosa sumamente increíble. Estoy seguro de que los ángeles tomaron sus asientos con un nivel de anticipación que solamente podemos imaginar cuando esperaban que se levantara el telón. Dios dijo: "'Que haya luz'; y hubo luz" (Génesis 1:3). Eso tiene que haber sido todo un espectáculo. El esplendor irrumpió, y el coro celestial cantó. ¡Gloria!

A medida que batallo con los remanentes del modernismo de mi propio pensamiento, yo también tiendo a ver la gloria de la creación en la etapa del diseño. Me es fácil, como hemos observado, pensar en el universo como una maravilla asombrosa de ingeniería. Creo que después de que los ángeles vieron la luz, Dios se tomó un tiempo para explicar las propiedades de las ondas y las propiedades de las partículas, y cómo las equilibró de una manera casi encarnada. (Jesús es, después de todo, la Luz del Mundo.) Como un científico que describe un experimento, como un detective que ilustra un crimen, Dios explicó desapasionadamente su diseño secreto. Creo que ese es el placer de Dios en la creación, que está encantadísimo con su propia elegancia.

Todo esto está bien y es bueno. El universo tiene realmente

la complejidad armoniosa de un reloj y nuestro Señor es verdaderamente un hábil Relojero. Sin embargo, creo que cuando hago un mejor trabajo de pensar como niño, el universo, a la larga, no es tanto una máquina asombrosa sino un juguete divertidísimo. Es el juguete de Dios y su deleite en él es como el de un niño. Los árboles del campo aplauden con sus manos, no con un aplauso solemne, sino con una vertiginosa algarabía. Los mares rugen, no como un león, sino como una multitud en un juego de fútbol. Las montañas no se derriten por un fuego consumidor, sino por la misma holgura de la alegría. Luego está la nieve, una colección de pequeñas esculturas de hielo que se unen para formar una cortina que cae sobre la tierra. Ninguna máquina podría hacer eso jamás. Un juguete, por otro lado, un globo de nieve del tamaño de un planeta, eso es algo que Dios no solo podría hacer sino con lo que también podría jugar por meses sin terminar. Un huracán nos permite un pequeño vistazo del terror del Señor, pero la nieve que cae nos invita a quedarnos quietos y a saber que él es Dios o, mejor aún, a reírnos con él ante su creación.

Como hombre moderno, también me siento tentado a pensar que al tomar algún objeto y seccionarlo en sus partes constituyentes, podré comprender mejor lo que es. No obstante, si tomas una rosa y la divides cuidadosamente, si cortas sus pétalos en partes delgadísimas y los pones en una transparencia bajo el microscopio, te alejarás más del entendimiento de una rosa, en lugar de acercarte más a él. La "rosalidad" de una rosa no se encuentra en su ADN, sino en su belleza. Lo mismo es cierto para todo el universo. Por supuesto que hay un lugar para el estudio científico, pero ese no es el único lugar.

Jane Austen entendió lo que estoy tratando de decir en una conversación reveladora de su obra clásica *Orgullo y prejuicio*. Se está planificando un baile y Caroline tiene una objeción:

> —Yo me divertiría muchísimo más en los bailes
> —dijo ella—, si se organizaran de otra manera.
> Tal como son resultan insoportables y aburridos.
> Si en lugar de bailar se incluyese en el programa la conversación, la fiesta sería menos absurda.
> [Su hermano responde:] —Estoy conforme contigo, querida Caroline, pero me imagino que entonces la fiesta sería cualquier cosa menos un baile.

Cuando pensamos en las estrellas simplemente como bolas ardientes de gas en el cielo, cometemos un terrible error categórico. Estoy más que dispuesto a conceder que las estrellas están formadas de varios elementos, pero eso no es lo que *son*. De hecho, la Biblia dice que Dios "cuenta las estrellas y llama a cada una por su nombre" (Salmos 147:4). Las estrellas cantaron en respuesta a la gloria de la creación: "Las estrellas de la mañana cantaban a coro y todos los ángeles gritaban de alegría" (Job 38:7). Qué tonto soy al sentirme tentado a darle a Dios palmaditas en la cabeza por esta bonita metáfora que se le ocurrió, al considerarme mucho más sofisticado que el salmista o Job, al pensar que mi comprensión *científica* del universo está más cerca de la verdad, más cerca de la perspectiva de Dios para su propia creación.

Cuando Dios presenta una exhibición, no es con la intención de que nos sentemos con el ceño fruncido, con lápices en la mano, buscando discernir lo que crea los colores de la aurora boreal y qué tan grande fue la erupción solar que la creó, o que podamos trazar la trayectoria de los relámpagos, o que midamos los decibeles del trueno. Lo que se supone que debemos hacer es gritar de alegría. Se supone que debemos aplaudir y reírnos. Se supone que debemos asombrarnos y pedir más. Se supone que debemos responder con expectación por la magia de todo: "¡Oh! ¡Hazlo otra vez! ¡Otra vez!" Se supone que debemos percibir el universo de la misma manera en que un niño naturalmente percibe una exhibición de fuegos artificiales. Que fracasemos en hacerlo no es una señal de que hayamos crecido, sino de que nos hemos enfriado y de que hemos perdido el asombro característico de los niños.

Ahora bien, sería suficiente que Dios fuera tan grande y nosotros tan pequeños. La exhibición de su gloria en el universo es suficiente para hacernos permanecer jóvenes hasta que seamos ancianos. Hay suficiente magia como para mantenernos riendo y pidiendo más. Sin embargo, el asombro mayor es que el que hace todas estas increíbles proezas es nuestro Padre que nos conoce y que nos ama. La exhibición grandiosa y espectacular de su gloria no es algo con lo que simplemente nos topamos, como si estuviéramos caminando a casa después de un día difícil en la escuela y escucháramos el ruido de un desfile de circo que pasa por la calle principal. Lo que descubrimos es esto: toda la magia, todo el poder, toda la gloria están en las manos de nuestro Padre, el que nos ha adoptado en su familia.

David describe este espíritu de asombro y sobrecogimiento en uno de sus salmos más conocidos. Sin embargo, me temo que nuestra familiaridad con el salmo refleja nuestra familiaridad con la creación. Pareciera, a nuestros cansados oídos, que David está dejando que sus emociones lo embarguen. La verdad del asunto es que David se está esforzando porque las palabras no son lo suficientemente grandes para describir la realidad. Vea lo que él dice:

> Oh SEÑOR, has examinado mi corazón
> y sabes todo acerca de mí.
> Sabes cuándo me siento y cuándo me levanto;
> conoces mis pensamientos aun cuando me
> encuentro lejos.
> Me ves cuando viajo
> y cuando descanso en casa.
> Sabes todo lo que hago.
> Sabes lo que voy a decir
> incluso antes de que lo diga, SEÑOR.
> Vas delante y detrás de mí.
> Pones tu mano de bendición sobre mi cabeza.
> Semejante conocimiento es demasiado maravilloso
> para mí,
> ¡es tan elevado que no puedo entenderlo!

¡Jamás podría escaparme de tu Espíritu!
  ¡Jamás podría huir de tu presencia!
Si subo al cielo, allí estás tú;
  si desciendo a la tumba, allí estás tú.
Si cabalgo sobre las alas de la mañana,
  si habito junto a los océanos más lejanos,
aun allí me guiará tu mano
  y me sostendrá tu fuerza.
Podría pedirle a la oscuridad que me ocultara,
  y a la luz que me rodea, que se convierta en noche;
    pero ni siquiera en la oscuridad puedo esconderme
      de ti.
Para ti, la noche es tan brillante como el día.
  La oscuridad y la luz son lo mismo para ti.

Tú creaste las delicadas partes internas de mi cuerpo
  y me entretejiste en el vientre de mi madre.
¡Gracias por hacerme tan maravillosamente
    complejo!
  Tu fino trabajo es maravilloso, lo sé muy bien.
Tú me observabas mientras iba cobrando forma
    en secreto,
  mientras se entretejían mis partes en la oscuridad
    de la matriz.
Me viste antes de que naciera.
  Cada día de mi vida estaba registrado en tu libro.
Cada momento fue diseñado
  antes de que un solo día pasara.

Qué preciosos son tus pensamientos acerca de mí,
    oh Dios.
    ¡No se pueden enumerar!
Ni siquiera puedo contarlos;
    ¡suman más que los granos de la arena!
Y cuando despierto,
    ¡todavía estás conmigo!
SALMOS 139:1-18

Qué irónico que David relacione los pináculos de la gloria de Dios con la creación del cuerpo humano. La verdad es que no hay mayor manifestación de la gloria de Dios en toda la creación que tú y yo. Dios nos invita a ver el mundo como niños en parte al darnos hijos. Cuando celebramos nuestro decimonoveno aniversario de bodas en 2011, mi querida esposa, Denise, y yo dedicamos tiempo para reflexionar en las casi dos décadas de nuestra vida juntos. En esos diecinueve años sin duda tuvimos nuestros retos. Entre los dos hemos tenido cuatro ataques separados de cáncer, incluyendo la batalla por la que actualmente estamos atravesando. Hemos tenido reveses de trabajo y la pérdida repentina de amigos queridos. No obstante, lo que es más asombroso para mí es que hace diecinueve años, cuando nos dimos el "Sí" solo éramos dos. Ahora, Dios en su gracia y gloria ha agregado a nuestro número. Éramos dos y ahora somos diez, y ahora para siempre lo seremos.

Me siento a la mesa de nuestro comedor y contengo las lágrimas porque experimento la bendición del Salmo 128:

¡Qué feliz es el que teme al Señor,
    todo el que sigue sus caminos!
Gozarás del fruto de tu trabajo;
    ¡qué feliz y próspero serás!
Tu esposa será como una vid fructífera,
    floreciente en el hogar.
Tus hijos serán como vigorosos retoños de olivo
    alrededor de tu mesa.
Esa es la bendición del Señor
    para los que le temen.

Que el Señor te bendiga continuamente desde Sión;
    que veas prosperar a Jerusalén durante toda tu vida.
Que vivas para disfrutar de tus nietos.
    ¡Que Israel tenga paz!

Estos hijos no existían, pero ahora sí. Caigo en el pensamiento erróneo del modernista si digo que llegaron aquí simplemente por procesos naturales. Si reduzco todo el proceso a la sexualidad y a la reproducción, paso por alto la belleza y la gloria de Dios orquestando nuestra concepción de seis de esos ocho hijos, así como orquestó nuestras dos adopciones. Por supuesto que en última instancia, él controla todas las cosas, desde el surgimiento y la caída de las naciones hasta el descenso de una sola hoja en el otoño. Sin embargo, aquí, él hace lo imposible para recordarnos que él forma a nuestros hijos y coloca en familias a los niños sin hogar.

Hay círculos dentro de los círculos que multiplican la

gloria del baile. Me puedo sentar a la mesa y ver a mi primogénita deleitarse en su hermano menor. Puedo verlo a él embebido en la alegría del de cinco años. Puedo ver a mi hija de trece años establecer un vínculo con su hermanito más pequeño, y a él con ella. Puedo ver a mis dos hijas menores gozarse juntas la una en la otra y también recibir en su mundo a su nuevo hermanito. Puedo experimentar esta realidad: no la perspectiva exasperante, que encoge mi billetera y acaba con mis energías, de tener ocho —*ocho*— hijos. No, puedo vivir en un mundo con mi amada esposa, con Darby, Campbell, Shannon, Delaney, Erin Claire, Maili, Reilly y Donovan. Seré el papá, pero soy un niño en una tienda de dulces, una tienda que le pertenece y que abastece mi Padre celestial que me ama.

Puedo . . .

¿Qué es lo que tú *puedes* hacer?

5

EL LLAMADO A AGRADAR

Jesús explicó: "Mi alimento consiste en hacer la voluntad de Dios, quien me envió, y en terminar su obra".

JUAN 4:34

¿ME DEJO CRECER LA BARBA O NO? Esa ha sido la pregunta más de una vez en mi vida. Casi un año después de que mi esposa, Denise, y yo, y nuestros primeros dos hijos, nos mudamos de Orlando al suroeste de Virginia, fuimos bendecidos con Shannon, nuestra tercera hija. Gracias a Dios, mis padres estaban planeando visitarnos y mi padre me podría ayudar con el bautizo de mi pequeña hija mientras yo trabajaba en la pequeña iglesia que estaba formando. En las primeras semanas entre el nacimiento de la bebé (y la falta de sueño correspondiente) y su visita, me creció la barba. Sabía que a mi padre no le gustaban las barbas, por lo que planeé afeitármela el día antes de su llegada.

Sin embargo, al pensar en mi deseo de honrar a mi padre, se me ocurrió una idea mejor. En lugar de afeitarme antes de que él llegara, esperaría para hacerlo después de su llegada y le haría saber que lo hacía para honrarlo. Cuando llegó y le dije que me la iba a afeitar por él, amablemente él me animó a que me la dejara.

Así que la barba permaneció conmigo por los nueve años siguientes, hasta en el verano de 2006, cuando literalmente se me cayó en el teclado. Estaba escribiendo un artículo en mi computadora portátil y me di cuenta de la caída constante, pelo tras pelo. No fue una gran sorpresa para mí. Había tenido quimioterapia como tratamiento para un linfoma de Hodgkin. No me había dado cuenta de que el cabello se me estaba cayendo de la parte superior de la cabeza porque no había tenido mucho pelo en mi cabeza, para comenzar, pero cuando los pelos de mi barba comenzaron a llover, cayeron a montones.

La primavera siguiente no había señales del linfoma en mi sistema. La quimioterapia había hecho su trabajo y lentamente la barba comenzó a regresar. Esta vez duró cuatro años. En el intervalo yo había atravesado por algunos cambios radicales. Mi padre me había pedido que trasladara a mi familia del suroeste rural de Virginia y de la iglesia que había plantado allí, lejos del único hogar que mis hijos habían conocido, lejos de lo que sinceramente creo que es la familia de iglesia más grandiosa del planeta, para ayudarlo en Ligonier Ministries.

No fue una decisión difícil en absoluto. Dolorosa sí,

pero no tan difícil. Mi esposa y yo estábamos seguros de que mudarnos era lo correcto. Nuestras razones eran sencillas: cuando tu padre te pide ayuda, la manera de honrarlo es ayudarlo. Mi Padre en el cielo nos dice que para tener una buena vida, de manera que las cosas nos salgan bien en la tierra, debemos honrar a nuestros padres y a nuestras madres.

El traslado fue más difícil para mis hijos mayores. Habían invertido sus vidas en la gente de la comunidad de nuestra iglesia. Habían admitido y adoptado los compromisos teológicos de la iglesia. Tenían amistades profundas, no solo con los de su edad, sino con familias completas. Sin embargo, tan difícil como fue para ellos, todos hicieron lo mejor que pudieron. Mantuvieron la compostura. Oraron por fortaleza, paciencia y entendimiento. Buscaron apoyo en oración de sus amigos. Todos mantuvieron la calma y la paz, aunque estaban tristes. Sin embargo, la tristeza se convirtió en ira cuando mi barba desapareció una vez más.

Mi padre había expresado su opinión de que era un impedimento para mi trabajo y que sería sabio afeitarla. Yo no estaba de acuerdo en absoluto con su razonamiento, pero sí coincidí en que era sabio afeitarla porque él me lo pidió. Eso provocó a mi hija mayor. Estaba confundida. Estaba herida. Estaba enojada. Ella expresó su preocupación de una manera que me honraba, pero que dejaba poca duda en cuanto a sus sentimientos.

Le recordé lo difícil y doloroso que había sido para mí trasladar a la familia. Le recordé cómo habíamos llegado a la conclusión de que era algo que debíamos hacer. Luego le pregunté: "Si estuve dispuesto a trasladar a toda la familia lejos de la vida que disfrutábamos en Virginia, para honrar a mis padres, entonces ¿no estaría igual de dispuesto a hacer algo tan sencillo como afeitarme el pelo de la cara?" Me presté una analogía del póquer: "Cuando se trata del quinto mandamiento, cariño, yo voy *all in*. Lo apuesto todo a la promesa de Dios de que esta es la forma de tener una vida buena. No soy lo suficientemente inteligente como para concebir el camino correcto a la alegría, pero sé quién lo es, y él dice que los que honran a sus padres pueden esperar que les vaya bien en la tierra."

Uno podría argumentar que mi perspectiva es bastante tosca, un análisis de costo-beneficio cuidadosamente calculado. Si hago X, el resultado más probable es Y. Creo que los niños tienen una manera mucho más simple de calcular si hacen algo o no. Tienen una meta mucho más sencilla. Una de las características que definen a un niño es la siguiente: ellos están ansiosos por complacer.

Hay un gran número de teorías acerca de la crianza de niños tanto dentro como fuera de la iglesia. Algunas están impregnadas de más sabiduría bíblica, algunas con más sabiduría mundana. Sin embargo, en las discusiones que tenemos los cristianos, recuerdo haber escuchado una objeción a una teoría que no tenía sentido para mí en absoluto. Cualquiera que fuera la teoría que se proponía, trataba sobre cómo entrenar a los niños a no hacer esto o aquello. La objeción era que esto o aquello es natural y que, por lo tanto, no es natural y está incorrecto tratar de entrenar al niño para que no lo haga.

La crianza de ocho hijos me ha enseñado qué es lo natural, y no es tan bueno. Cuando hablamos de que algo es natural, tenemos que preguntarnos: "¿Qué naturaleza?"

Cuando pasamos por épocas difíciles, ¿es natural refunfuñar y quejarse un poco? Sí y no. Es decir, esta tentación nos parece razonable por nuestra naturaleza caída. No obstante, a nosotros se nos está reconstruyendo. Tanto Pablo como Santiago nos dicen que nos alegremos cuando vienen las dificultades, que no refunfuñemos ni nos quejemos. A nuestra vieja naturaleza le parece natural quejarse. A nuestra nueva naturaleza le debe parecer antinatural hacerlo.

El pecado no es algo que se introduce en nuestra vida algún tiempo después de que entramos a la pubertad. El pecado puede incluso alentar a los niños pequeños para que se vean como el centro del universo. Esto es "natural" para todos nosotros, pero es algo a lo que se nos ha llamado a dejar atrás. Sin embargo, a pesar de la realidad del pecado, hay algo inocente en los niños, o Jesús no nos habría dicho que fuéramos más como ellos. Tenemos que entender esta inocencia de una manera que no niegue el pecado con el que todos batallamos, sin importar nuestra edad. Tenemos también que entender la realidad del pecado, incluso en los niños, de manera que no nos aferremos a una noción equivocada de la inocencia.

A pesar de la realidad del pecado, hay algo inocente en los niños, o Jesús no nos habría dicho que fuéramos más como ellos.

En el capítulo 3 examinamos la propensión de los niños a

la confianza. Esto demuestra una clase de inocencia. Debido a que los niños tienden a no involucrarse en grandes esquemas egoístas, ellos asumen lo mismo en cuanto al resto de nosotros. Así como hay confusión en mi propia mente en cuanto a lo que nos referimos con "dormir como un bebé," también me pregunto por qué describimos algo profundamente fácil de esta manera: "Es como robarle un dulce a un bebé." En realidad, por lo menos en mi propia experiencia, es más bien algo difícil robarle un dulce a un bebé. No porque los niños estén predispuestos a guardar lo que es suyo, sino precisamente porque no lo están. No puedes robarle un dulce a un bebé, porque los bebés están más que dispuestos a regalar lo que tienen.

Uno podría argumentar que esta propensión a la confianza es un aspecto donde la imagen de Dios está menos estropeada entre los jóvenes que en los viejos. Que todos, jóvenes y viejos, seamos pecadores no significa necesariamente que todos enfrentemos la misma clase de tentaciones, con la misma intensidad, en todo momento de nuestra vida. La confianza es algo a lo que los niños tienden a aferrarse, incluso con el pecado presente en ellos.

De igual manera, la postura del asombro, en la que experimentamos profundamente el contraste entre la grandeza de Dios y nuestra pequeñez, en la que celebramos que los "pequeños le pertenecen a él" parece natural a los niños, en una buena manera. Para ellos es congruente captar su grandeza y alegrarse en ella. Sin embargo, esa alegría halla su culminación en la gloriosa verdad de que el Creador glorioso de la creación gloriosa también es nuestro Padre. Así como un niño mira naturalmente la fuerza de su padre terrenal con confianza, así como un niño de manera natural se asombra e impresiona con su padre, así nosotros, los hijos de Dios, confiamos en nuestro Padre celestial.

Hay otra respuesta normal, o natural, que los niños tienen para su experiencia de la grandeza de sus padres: quieren complacer. De nuevo, como padre de ocho hijos, me toca experimentar esta realidad prácticamente todos los días. Durante la mayor parte de mi tiempo como padre, he disfrutado lo que felizmente está llegando a ser más común en los negocios contemporáneos: mi lugar de trabajo es mi casa. A pesar de mi constante proximidad a mi familia, recibo una calurosa bienvenida cuando "llego a casa," cuando dejo mi lugar de trabajo y me uno al resto de la familia. Ahora mismo son mis hijos de diez, nueve y cinco años los que responden como si creyeran que no fuera a regresar. *"¡Papiiii!"* gritan cuando bajo las gradas y corren a abrazarme y para que los abrace.

Sin embargo, eso no termina allí. Después de los abrazos están dispuestos a contarme acerca de su día, a mostrarme lo que hicieron durante su tiempo de escuela, a darme los dibujos que me hicieron. Es algo bello. Estos no son niños inseguros, que desesperadamente buscan la aprobación de los demás. No hacen esto para recibir. Más bien, lo hacen para dar. Su deseo de agradar no es, en última instancia, para su propio placer, sino para el placer de las personas a las que agradan. Se deleitan al deleitar a sus padres por su alegría natural, no por alguna clase de temor al rechazo.

Esto nos lleva de vuelta a la confianza. Los niños tienen una presuposición encantadora de que les caerán bien a los demás automáticamente, no porque alguien los haya persuadido de que son particularmente simpáticos, sino más bien porque su respuesta natural hacia los demás es que les caen bien. Los adultos, al menos este adulto, a veces inician relaciones nuevas con sospechas y competencia. Los niños inician relaciones nuevas con confianza y asombro.

Este mismo principio funciona a la inversa. Si algo puede oscurecer la brillante disposición de un niño, es esto: el temor de que de alguna manera pudieran decepcionarnos. No obstante, así como la seguridad, y no la inseguridad, impulsa el deseo de agradar, el deseo de dar y no los motivos egoístas, lo mismo es cierto aquí. Es decir, un niño teme decepcionar a un padre no porque eso alteraría al niño, sino porque altera a los padres. Los niños se entristecen cuando fracasan, solo porque saben que sus fracasos nos entristecen.

La Biblia nos da regularmente paradigmas gemelos que terminan ocasionando problemas como el "del huevo y la gallina." Piensa en la relación entre los esposos y las esposas. El apóstol Pablo, en la carta para la iglesia de Éfeso, da una comparación extensa en cuanto a la relación entre el esposo y la esposa y la relación entre Jesús y la iglesia. Esto hace surgir una pregunta: ¿nos dio Dios el matrimonio, en parte, para que sirviera como una metáfora viva para la obra que Cristo vendría a hacer, o Dios simplemente aprovechó una realidad ya existente para ayudarnos a entender una realidad nueva?

La relación matrimonial no es la única relación terrenal

que nos enseña acerca de la relación celestial. La relación de los padres con sus hijos es un paralelo de la relación de nuestro Padre celestial con todos los que son suyos en Cristo. Aunque como con la relación del esposo con la esposa la analogía es imperfecta por el pecado, todavía hay cosas importantes que aprender de esa relación humana.

Por otro lado, existe otro ejemplo bíblico que arroja aún más luz acerca de las relaciones humanas, así como de nuestra propia relación con nuestro Padre celestial. Es decir, Dios no solo es nuestro Padre, donde nuestro pecado puede oscurecer el cuadro, sino que él también es el Padre del Hijo. La Biblia dice que Jesús es "el hijo mayor de muchos hermanos" (Romanos 8:29). También dice que somos "herederos junto con Cristo" (Romanos 8:17). Si queremos entender cómo se nos llama a relacionarnos con nuestro Padre celestial, seríamos sabios en estudiar a nuestro Hermano mayor. Porque aunque Jesús es nuestro Hermano mayor, él es semejante a los niños exactamente de la manera adecuada: perfectamente, sin pecado.

Claro que una de las primeras cosas que observamos en cuanto a esta relación es la pasión que el Hijo tiene por agradar al Padre. Examina rápidamente el Evangelio de Juan y mira si esto no te salta a la vista. Lo que impulsa a Jesús es menos una pasión por rescatarnos y más una pasión por hacer la voluntad de su Padre en el cielo. Cuando los discípulos regresaron de su misión de buscar comida y encontraron a Jesús conversando con la mujer samaritana en el pozo, le ofrecieron un poco de la comida que habían conseguido:

Justo en ese momento, volvieron sus discípulos.
Se sorprendieron al ver que Jesús hablaba con una
mujer, pero ninguno se atrevió a preguntarle: "¿Qué
quieres de ella?" o "¿Por qué le hablas?". La mujer
dejó su cántaro junto al pozo y volvió corriendo a
la aldea mientras les decía a todos: "¡Vengan a ver a
un hombre que me dijo todo lo que he hecho en mi
vida! ¿No será este el Mesías?". Así que la gente salió
de la aldea para verlo.

Mientras tanto, los discípulos le insistían a Jesús:

—Rabí, come algo.

Jesús les respondió:

—Yo tengo una clase de alimento que ustedes
no conocen.

"¿Le habrá traído alguien de comer mientras
nosotros no estábamos?" —se preguntaban los
discípulos unos a otros.

Entonces Jesús explicó:

—Mi alimento consiste en hacer la voluntad
de Dios, quien me envió, y en terminar su obra.

JUAN 4:27-34

Jesús describe lo importante que es para él hacer la voluntad de
su Padre: es su comida y su bebida. Así es como él sobrevive; de
eso vive. Sin embargo, esta pasión no terminó con la ascensión
de Cristo. Todavía se ocupa de los negocios de su Padre. Para
ayudarnos a entender cómo es esto, tenemos que detenernos
por un momento para darle un vistazo a toda la Biblia.

¿Cómo resumiría uno la Biblia de una forma correcta? Algunos han sugerido que la Biblia es una historia romántica. Es decir, toda la Biblia es el relato de cómo Jesús consigue a su novia. A favor de esta perspectiva tenemos esta observación: en un sentido amplio, la Biblia comienza y termina con una boda. En el principio Adán y Eva son unidos como esposo y esposa. Al final vemos la fiesta de bodas del Cordero, a Jesús, como el segundo y último Adán, que se regocija con su novia, la segunda y última Eva: la iglesia de Jesucristo. Si algo simboliza la gloria del cielo, es esta belleza, que allí la iglesia celebrará con su Esposo. Esta boda es la madre de todas las bodas, de cuya realidad todas las demás son apenas una sombra.

Si este resumen es un toque demasiado romántico para ti, piensa en este bosquejo de la Biblia:

Génesis 1–2: La Creación

Génesis 3: La Caída

Génesis 4—Apocalipsis 22: Tratando de volver
a Génesis 1 y 2, solo que mejor

El último punto es importante. La historia del mundo es la historia del éxito del Segundo Adán donde el primer Adán fracasó. Adán y Eva disfrutaron de la ausencia de pecado. Disfrutaron de la presencia de Dios. Disfrutaron de paz en el Jardín. El Segundo Adán nos lleva al lugar donde disfrutaremos de la ausencia del pecado, donde disfrutaremos de la presencia de Dios, donde disfrutaremos de paz. La parte "solo que mejor" es que ahora disfrutamos de estas cosas en y a través de la muerte de Cristo por nosotros. El Segundo Adán ganó la batalla cuando todas las probabilidades se apilaban en su contra. Y lo hizo para agradar a su Padre.

Sin embargo, cualquier historia que elijamos para nuestro resumen, reconocemos que ambas tienen un principio y un fin, pero con ninguno de estos dos resúmenes hemos llegado todavía al final. Aún falta algo. La Biblia nos dice que al haber muerto y resucitado, al haber conseguido y purificado a su novia, Jesús todavía tiene que hacer algo más. El verdadero clímax de la historia se describe en 1 Corintios 15:20-24:

> Lo cierto es que Cristo sí resucitó de los muertos. Él es el primer fruto de una gran cosecha, el primero de todos los que murieron.
>
> Así que, ya ven, tal como la muerte entró en el mundo por medio de un hombre, ahora la resurrección de los muertos ha comenzado por medio de otro hombre. Así como todos mueren porque todos pertenecemos a Adán, todos los que pertenecen a Cristo recibirán vida nueva; pero esta resurrección tiene un orden: Cristo fue resucitado como el primero de la cosecha, luego todos los que pertenecen a Cristo serán resucitados cuando él regrese.
>
> Después de eso, vendrá el fin, cuando él le entregará el reino a Dios el Padre, luego de destruir a todo gobernante y poder y toda autoridad.

El verdadero final de la historia llega cuando el Hijo le entrega el reino al Padre.

Hace varios años, el ministerio que fundé fue sede de una conferencia. De hecho, organizamos una conferencia anual por varios años. Cada año me encontraba lidiando con un nivel de nerviosismo al que no estaba acostumbrado. Cuando hablo en las conferencias de otros, mi trabajo simplemente es enseñar o predicar. Por otro lado, como anfitrión de la conferencia soy el responsable final de lo que todos los demás digan. Soy responsable de ver que todos tengan dónde sentarse, que todos puedan oír lo que se dice, que se suplan las necesidades de los conferencistas y que el evento no termine en bancarrota.

Sin embargo, un año en particular el peso de la responsabilidad fue casi insoportable. No estaba simplemente nervioso en el sentido de tener mariposas en el estómago. Estaba lo suficientemente nervioso como para no poder dormir en la noche. No estaba preocupado por la logística ni por lo que los otros conferencistas pudieran decir. Ni siquiera estaba preocupado particularmente por lo que la audiencia dijera de lo que yo tenía que decir. Lo que me preocupaba era lo que un conferencista en particular pudiera pensar sobre lo que yo tenía que decir.

El título de la conferencia era *Generaciones: Cómo honrar al que merece honra*. Queríamos que los asistentes entendieran la verdad bíblica de que en la medida en que honremos a nuestros padres, y a todos los que tienen autoridad sobre nosotros, nos irá bien en la tierra (ver Deuteronomio

5:16). Uno de mis conferencistas invitados era mi amigo Doug Phillips. Sabía que él haría un trabajo extraordinario, pues sabía que no solo era un hombre de integridad sino un hombre lleno de respeto hacia su padre. Otro de nuestros invitados era su padre. Sin embargo, era el tercer invitado el que me preocupaba, no por lo que pudiera decir, sino por lo que pudiera oír. Ese tercer invitado era mi padre.

Doug y yo pensamos que sería una buena idea no solo enseñar acerca de cómo honrar a nuestros padres, sino de demostrar cómo podemos hacerlo al honrar a nuestros respectivos padres ante todos. Al considerar mi propio nerviosismo, llegué a entender que el asunto era mucho más amplio que solo la conferencia. A medida que comencé a recordar la historia del ministerio que había iniciado hacía una década, me di cuenta de que las cosas eran más complejas de lo que yo había entendido. El propósito de nuestro ministerio era y es ayudar a los cristianos a tener vidas más sencillas, apartadas y prudentes para la gloria de Dios y para la edificación de su reino. Eso expresa nuestra razón corporativa de ser y define el mensaje que proclamamos. Sin embargo, pasa profundamente por alto el verdadero motivo en mi propio corazón. Por supuesto que anhelo ver cristianos viviendo esas vidas de fidelidad. No obstante, gradualmente comencé a entender que cada artículo que escribía para nuestra revista, cada conferencia que daba en cada uno de nuestros estudios bíblicos, cada campamento de parejas que organizábamos, cada campamento de pastores que llevábamos a cabo, cada grabación que hacíamos, cada conferencia que realizábamos, cada capítulo de cada libro que escribía era, en última instancia, un ratón muerto en el porche de mi padre.

Permíteme explicarme. Cuando me mudé al suroeste de Virginia, comencé a introducirme en la vida de un caballero agricultor. Compré pollos por correo para criar, algunos para huevos y otros para carne. No pasó mucho tiempo para que sus cadáveres contaminaran mi propiedad. Cada mapache, zarigüeya y zorro veía mi pequeña granja como el destino de su festín personal. Por lo que conseguimos una perra. La perra mantuvo lejos a los demás animales, pero no porque fuera fiel a sus responsabilidades. La verdad era que no le gustaba la competencia. A la semana de la llegada de Socks, irrumpió en el gallinero portátil que contenía nuestras gallinas para carne y mató a las veinticinco. Ni siquiera tuvo la decencia de comérselas. Simplemente dejó el alboroto para que yo lo limpiara.

Menciono todo esto para explicar cómo veo a los animales. Son cosas maravillosas, siempre y cuando contribuyan y recuerden su lugar. Nosotros no teníamos mascotas. Teníamos animales de trabajo y su lugar era afuera. También teníamos algunos gatos y ellos, también, vivían afuera, en parte porque no podían hacer su trabajo adentro: mantener lejos a los roedores. No eran mascotas; eran cazadores de ratones.

Dicho esto, no significa que no tuviéramos una conexión emocional con nuestros animales. Amábamos a nuestros pollos . . . con salsa. Amábamos a nuestra perra, Socks, a pesar de sus pecados. A pesar de la reputación de los gatos de ser demasiado descuidados, sabemos que todos nuestros gatos nos amaban también. Lo sabemos por los ratones que encontrábamos en nuestro porche de atrás. Los gatos que trabajan no se contentan con realizar su labor callada e invisiblemente; ellos quieren que sepas que están trabajando. Una vez que capturan un ratón, una rata o un topo y después de matar a dicha criatura, llevan el cadáver al porche de atrás, como para anunciar: "Mira lo que he hecho por ti, mi amo." En parte, veía mi propio trabajo en Highlands de la misma manera. Quería que mi trabajo le agradara a mi padre y que también lo honrara.

Entiendo que a veces he fracasado en agradar a mi Padre celestial y seguiré fracasando de vez en cuando. Tampoco quiero que ninguno haga responsable a mi padre terrenal por todo lo que yo haya dicho, escrito o hecho. Por otro lado, nuestro ejemplo, el Hijo de Dios, nunca fracasa. Su vida perfecta y su trabajo continuo deleitan a nuestro Padre en el cielo, lo que a su vez deleita al Hijo. A medida que le devuelve un reino perfeccionado a su Padre en ese último momento de la historia e ingresamos al resto de la historia, nuestro Hermano mayor exhibe precisamente lo que significa ser un niño ansioso por agradar a su Padre.

Algunas personas señalarán que quizás yo me gané la lotería del padre, que el tener a un padre que no solo es mi héroe sino el héroe de muchos más ha distorsionado mi perspectiva. Estoy consciente de que no todos hemos tenido padres terrenales admirables y respetables a los que ansiamos agradar. Sin embargo, todos tenemos un Padre al que somos llamados a agradar. Sin importar cuán difícil haya sido nuestra crianza, qué tensiones podría haber todavía, incluyendo los remordimientos que podríamos tener por nuestra relación con padres que ya han fallecido, también tenemos a un Padre que vive para siempre. Si somos suyos, tenemos a un Padre que nos ama para siempre. El deseo de agradarlo, entonces, no es algo único para mí. Es humano, de raíz, aunque se ha distorsionado y empañado por nuestro pecado.

Esta es la razón por la que cuando la Biblia habla específicamente no solo *de* los hijos sino *a* ellos, lo primero que nos dice es que obedezcamos. Eso es lo que nos define: que somos hijos llamados a obedecer, a agradar a nuestros padres. En Efesios 5–6, Pablo da algunas instrucciones breves para la salud y la obediencia de toda la familia. A las esposas se les llama a que se sujeten a sus esposos, así como al Señor. A los esposos se les llama a amar a sus esposas sacrificialmente, así como Cristo amó a la iglesia y se entregó a sí mismo por ella. Luego Pablo dirige su atención a los hijos y les dice: "Hijos, obedezcan a sus padres porque ustedes pertenecen al Señor, pues esto es lo correcto" (6:1). Eso es bastante sucinto, ¿verdad? ¿Por qué tienen que hacer esto los hijos? Porque es lo correcto. Es la razón por la que los hijos fueron creados.

Sin importar cuán difícil haya sido nuestra crianza, qué tensiones podría haber todavía, incluyendo los remordimientos que pudiéramos tener por nuestra relación con padres que ya han fallecido, también tenemos a un Padre que vive para siempre. Si somos suyos, tenemos a un Padre que nos ama para siempre.

Pablo continúa y da más razones por las que esto es sabio: "'Honra a tu padre y a tu madre'. Ese es el primer mandamiento que contiene una promesa: si honras a tu padre y a tu madre, 'te irá bien y tendrás una larga vida en la tierra'" (Efesios 6:2-3).

Así es como llevamos una vida buena. Allí es adonde nos lleva la obediencia. Esta es la promesa bondadosa de nuestro Padre celestial. El pecado comienza con la tentación de *no* buscar lo que le agrada a nuestro Padre, y la redención termina en agradarlo eternamente mediante nuestra adoración. Esta es la versión del niño de la declaración de John Piper, quien nos recuerda: "Dios se glorifica más en nosotros cuando nosotros nos satisfacemos más en él." Nuestro Padre celestial no se deleita en nada más que en nuestro deleite gozoso por buscar agradarlo, por hacer su voluntad. Muy frecuentemente, a diferencia del espíritu generoso y dadivoso de los niños, llegamos a la ley de Dios y nos preguntamos: *¿Qué es lo mínimo que tengo que hacer para mantenerme lejos de problemas?* Nos preguntamos si en realidad él está vigilando. O consideramos su ley como una carga. Me veo tentado a ver mi propia obediencia no como lo haría un niño, sino como lo haría un deudor. Es decir que pienso: *Bueno, Dios dice que no haga esto y ya que me redimió, ya que salvó mi alma, supongo que será mejor que no haga lo que él no quiere que haga.*

No es típico que los niños piensen de esa manera. En lugar de eso, deberíamos ver nuestros intentos de obediencia a la Palabra de Dios de la manera en que un niño ve el aprender a montar bicicleta. Claro que caemos, claro que nos raspamos las rodillas; pero por cada centímetro de progreso, por cada pedaleada, por cada vuelta exitosa aunque algo temblorosa de la rueda, nos alegramos porque sabemos que el que nos sostuvo, el que vendó nuestras rodillas raspadas, el que nos ayudó a subirnos otra vez a la bicicleta y nos dio otro empujón, está sonriendo de oreja a oreja a medida que aprendemos a montarla.

Una vida sencilla en realidad no se relaciona con criar pollos. Una vida verdaderamente sencilla es la que hace a un lado las metas menores que nos distraen de la única meta principal. Como los niños, no tenemos que pelear una gran batalla ni resolver un gran misterio. Todo lo que tenemos que hacer para tener una vida sencilla es vivir con esta meta sencilla: que todo lo que hagamos, todo lo que pensemos y todo lo que digamos agrade a nuestro Padre en el cielo. Todo lo que tenemos que hacer es deleitarnos en agradarlo y encontraremos, como dice Salmos 16:11, "delicias a tu diestra para siempre" (RVR60).

Cuando Jesús nos llama a ser como niños, él nos está llamando, en efecto, a volver a esa meta sencilla, a ese deseo que perdimos cuando llegamos a ser adultos: el ardiente deseo de agradar. Él anhela vernos nuevamente corriendo hacia él exclamando: "¡Mira, papi! ¡Mira! ¡Mira lo que hice!"

6

EL LLAMADO A NUESTRO PADRE

Miren con cuánto amor nos ama nuestro Padre que nos llama sus hijos, ¡y eso es lo que somos!

1 JUAN 3:1

SIN LUGAR A DUDAS NO FUE la única vez que metí la pata, pero creo que nunca antes había sido tan a fondo. Nuestros queridos amigos acababan de agregar otra bendición a su familia. Cuando recién los conocimos, ellos tenían dos varones adolescentes y una niñita que no se parecía en nada al resto de la familia. Mamá y papá habían nacido en Virginia y los hijos en Maryland, pero la hija era de Corea, y se había unido a la familia por medio de la bendición de la adopción.

Unos cuantos años después, la familia agregó a otra hija, una dulce bebé que había nacido en la India y que también había llegado a la familia a través de la adopción. Aun así, logré evitar una situación delicada. Fue la tercera adopción de la familia la que resultó fatal para mí. Esta vez adoptaron a un niñito que había nacido en Estados Unidos. Sin embargo, sus antepasados étnicos eran de África, por lo que sus niveles de melanina no encajaban con los de sus padres. Esa no fue la razón por la que cometí la indiscreción. Más bien, con la intención de comunicar nuestro espíritu en común y de afirmar el celo compartido de nuestra propia familia por la bendición de la adopción, anuncié a la orgullosa mamá de ahora cinco niños: "No veo la hora de estar viejos mi esposa y yo para poder adoptar."

Lo sé. Digno de vergüenza. Me siento agradecido al decir que ella me perdonó, aunque sospecho que no lo ha olvidado. Dios tampoco lo olvidó. Aunque no estoy exactamente seguro de dónde marca uno el límite para "viejo," mi querida esposa, Denise, y yo nos encontramos unos cuantos años después listos y dispuestos a adoptar. La batalla de mi esposa con el cáncer de mama nos dejó, hasta donde podíamos decir, sin posibilidades de poder concebir otra vez. Dios ya nos había bendecido entonces con seis hijos y la mayor tenía once años. El razonamiento que estaba detrás de mi metedura de pata verbal era sencillo. Al creer que los niños son un regalo de la mano de Dios, Denise y yo recibiríamos a todos los que él nos enviara. Cuando sospechamos que él no nos enviaría más a través de los medios naturales, veríamos si él nos bendeciría a través de la adopción.

Teníamos suficientes ejemplos alrededor nuestro. Muchas familias en nuestra iglesia habían adoptado. Nuestra pequeña congregación en ese tiempo llegaba a unas cien almas que representaban a menos de veinte familias. Vivíamos y nos congregábamos en Mendota, un pequeño pueblo del suroeste rural de Virginia, con una población de trescientos. Cerca de un tercio de nuestras familias había sido bendecido con niños de países de todo el mundo. No solo teníamos coreanos y del este de India, sino rusos y filipinos, haitianos y africanos. Cuando nuestra pequeña iglesia se reunía, parecíamos unas Naciones Unidas diminutas. Éramos casi seguramente la iglesia cristiana más diversa étnicamente en cientos de kilómetros a la redonda, precisamente allí en la Virginia rural.

Denise y yo comenzamos el proceso. Llenamos una montaña de papeles. Asistimos a clases. Los trabajadores sociales llegaban a visitar nuestro hogar. Los familiares, amigos y pastores enviaron cartas de recomendación. Armamos un álbum de fotos que describía nuestra vida de hogar y nuestra comunidad. (En muchas circunstancias a las madres embarazadas se les permite estudiar estos álbumes para ayudarlas a elegir a la familia en la que les gustaría colocar a sus hijos.) La policía examinó nuestros antecedentes. Hicimos un cheque grande, todo para llegar al punto de ser considerados dignos de adoptar a un niño. En ese momento tuvimos que esperar y orar para encontrar a un bebé.

Nuestra trabajadora social local nos puso en contacto con una agencia de adopción en Arkansas, que ministraba a las mamás que tenían embarazos con crisis. Enviamos nuestra información, que incluía nuestro álbum de fotos, y esperamos, aunque no pacientemente. Mi maravillosa esposa simplemente estaba hecha para encargarse todo el proceso, para asegurarse de que se hubiera dado los últimos toques a todos nuestros papeles. Nos mantenía al día y mantuvo todo el proceso en orden. Sin embargo, mientras nuestro "paquete" estuvo en el correo, ocurrió un acontecimiento que ni mi esposa pudo controlar. El huracán Katrina atacó.

El caos resultante evitó que nuestro paquete llegara a su destino en Arkansas a tiempo . . . tal como Dios lo había planificado. Debido a la tardanza, mi esposa estuvo hablando constantemente por teléfono con la agencia revisando casi diariamente si todo lo que había enviado había llegado. Esas llamadas constantes nos mantuvieron en el radar de la agencia. Unos días después, una mamá que estaba en trabajo de parto entregó a su hijo a la agencia y permitió que ellos eligieran a los padres adoptivos. Mi esposa había salido para hacer mandados, en preparación para un viaje familiar de campamento, cuando llamaron. Cuando regresó con los comestibles a la casa, le expliqué: "Lo siento porque no vamos a poder ir a acampar este fin de semana. En lugar de eso vamos a conducir a Arkansas para recoger a nuestro hijo." Qué bendición más curiosa, que como esposo me tocó anunciarle a mi esposa: "Vamos a tener un bebé."

Condujimos por dos días a Arkansas, donde conocimos a nuestro precioso bebé, Reilly Justice Sproul. Pesaba alrededor de dos kilos y tenía piernas largas. Según los arreglos legales, se nos permitía cuidarlo mientras esperábamos el día en que teníamos que presentarnos en la corte. Así que por alrededor de una semana, los tres nos quedamos y esperamos nuestro turno, que resultaría ser la parte más surrealista de toda la experiencia.

La sala de la corte estaba casi vacía. Había un alguacil, el abogado de la agencia, el jefe de la agencia, el juez, Denise, Reilly y yo. Nos paramos ante el juez, mientras él combinó conversación informal con lo que supongo eran preguntas que se requerían legalmente. Todo fue muy caluroso y agradable. No obstante, luego hizo su última y muy rara pregunta. No fue exactamente estricto, pero estaba muy serio cuando nos preguntó: "Ahora bien, ¿entienden, no es cierto, que cuando yo firme estos papeles y golpee este martillo, este niño será su hijo, tan hijo suyo como cualquiera de sus otros hijos? Si algo les pasara a los dos, lo que les pase a sus otros hijos le pasará a él. No deben tratarlo distinto de ninguna manera. Será su hijo."

Sinceramente, no sabía qué decir. Hasta donde mi mente podía comprender, el juez estaba haciendo una pregunta cuya respuesta era tan obvia que tenía que haber dado a entender otra cosa. Era como si hubiera dicho: "Ahora bien, ¿entienden, no es cierto, que el cielo es azul y el pasto es verde?" ¿No pensaría que debería ser una pregunta con trampa? Al darme cuenta de que él estaba siendo totalmente sincero y de que el sarcasmo no era la respuesta adecuada, logré decir: "Sí, señor," y no dije: "Por eso es que estamos aquí." Vinimos para llevar un hijo a nuestra familia. No podíamos imaginar nada menos; Reilly es una adición bendecida para nuestra familia, y estamos emocionados y agradecidos por tenerlo.

Felizmente, otros han compartido nuestra alegría y de vez en cuando también han metido la pata. Dada mi propia historia, en lugar de enojarme por esos errores verbales, me gusta divertirme con ellos. Ahora somos una familia de diez, al haber agregado también a Donovan Deaun a nuestra familia mediante la adopción. Al igual que su hermano mayor Reilly, Donovan tiene un trasfondo étnico que se extiende al África, por lo que muy frecuentemente nos preguntan:

—¿Son hermanos?

A lo que felizmente respondo:

—Por supuesto.

Algunos preguntan más:

—¿Tienen la misma madre?

A lo que felizmente respondo:

—Sin duda, sí.

Y otros van más allá:

—¿Tienen el mismo padre?

—Me complace informarles que sí.

—¿Había más hermanos?

—Bueno —respondo—, en realidad hay otros seis hermanos y también son parte de nuestra familia.

Parece que otros se apresuran a llegar al remate y preguntan cuando ven a nuestros ocho hijos:

—¿Cuáles son suyos?

A lo que respondemos alegremente:

—Todos.

La gloria y la belleza de la adopción se manifiestan en lo que pasa cuando nos enfrentamos a lo que no estamos acostumbrados. Pensamos que los bebés llegan del hospital, cuando a veces llegan del aeropuerto. Pensamos que los padres tienen el mismo color de piel que sus hijos, cuando a veces no es así. Pensamos que una vez que se pasa de cierta edad, no se puede tener más hijos, cuando precisamente sí se podría. Las familias crecen de maneras distintas, lo cual no las hace ser menos familias.

Cierta vez los fariseos trataron de hacer tropezar a Jesús. Uno de sus abogados preguntó simplemente cuál era el principal mandamiento y Jesús le respondió directamente. Luego Jesús les preguntó a su vez a sus interrogadores:

Entonces, rodeado por los fariseos, Jesús les hizo una pregunta:

—¿Qué piensan del Mesías? ¿De quién es hijo?

Ellos contestaron:

—Es hijo de David.

Jesús les respondió:

—Entonces, ¿por qué David, mientras hablaba bajo la inspiración del Espíritu, llama al Mesías "mi Señor"? Pues David dijo:

"El SEÑOR le dijo a mi Señor:
    'Siéntate en el lugar de honor a mi derecha,
    hasta que humille a tus enemigos y los ponga
        por debajo de tus pies'".

»Si David llamó al Mesías "mi Señor", ¿cómo es posible que el Mesías sea su hijo?

Nadie pudo responderle, y a partir de entonces, ninguno se atrevió a hacerle más preguntas.

MATEO 22:41-46

Los fariseos no pueden decir nada. Han estado tramando con preguntas, pero ahora están atrapados en una. Su dilema es claro; Jesús lo deja claro. "Si David llamó al Mesías 'mi Señor', ¿cómo es posible que el Mesías sea su hijo?" Lo que es interesante es que el mismo Jesús no da la respuesta. No explica cómo podría ser esto, cómo un hombre podía ser tanto hijo de otro hombre y también su señor.

Para los cristianos, por supuesto, por lo menos hay una respuesta obvia, aunque implícita. Sabemos que de quien David hablaba era único en toda la historia humana. No solo era hombre sino el primero y único hombre en ser Dios encarnado. La Encarnación da una respuesta poderosa a la pregunta. Jesús, en su humanidad, es el hijo, el descendiente de David. Sin embargo, en su deidad, Jesús no solo es el Señor de David, sino su Hacedor; y no solo el Hacedor de David, sino el Hacedor de todas las cosas. Podemos responder la pregunta al recordar las dos naturalezas de la única persona de Jesucristo.

La Biblia es bastante clara en que Jesús fue tanto Dios como hombre. Los credos con los que hemos sido bendecidos a través de los primeros quinientos años de la iglesia después de la resurrección especial, cuidadosa y fielmente delinean lo que podemos y no podemos decir acerca de esta asombrosa realidad. Piensa en lo que decimos acerca de Jesús y de la Encarnación en el Credo de Nicea: confesamos con la iglesia a lo largo de los siglos que Jesús fue "engendrado, no creado."

Es posible que los ojos muchos de nosotros tiendan a vidriarse cuando escuchamos estas palabras, al pensar que ese lenguaje es una contradicción manifiesta que no hace nada más que darnos un dolor de cabeza. ¿Cómo podemos hacer que tenga sentido? *Engendrado* lo entendemos. *Creado* lo entendemos. Cómo puede alguien ser uno y no lo otro, sin embargo, es difícil de entender. No obstante, pensar en cuanto a las facetas y sutilezas de la adopción podría ayudarnos.

No queremos afirmar que Jesús fue una criatura que fue "adoptada" en la Trinidad. Más bien, queremos recordar que las palabras se pueden entender desde perspectivas distintas. Hemos caído presa de una perspectiva errónea si la única forma en que podemos imaginar que alguien llega a ser hijo es por la procreación. Asimismo, caemos en el mismo error si pensamos que la única manera en la que uno podría ser "engendrado" es siendo creado.

En ambos casos tenemos que considerar más profundamente lo que significa ser llamado hijo. El ser hijo es mucho más que el resultado de ser concebido. Es aún más una relación. Dios el Hijo no se llama Dios el Hijo porque tuviera un inicio en el tiempo y en el espacio (ser creado). Más bien, es porque se le llama a obedecer como hijo, a amar y a ser amado como hijo. Esto se remonta a la idea de la que hablamos en un capítulo anterior. Aunque el Hijo (y por supuesto el Espíritu) es igual al Padre en gloria, santidad, poder y en toda perfección, asume un papel sumiso hacia el Padre y se deleita en hacer su voluntad. Asume el papel del Hijo primogénito, del Heredero. Él es el Obediente.

Estas imágenes existen no solo para hacerle cosquillas a

nuestro cerebro, sino para enseñarnos verdades importantes de lo que significa ser no solo hijo, sino hijo *del Padre*. Nuestro llamado, en última instancia, no es simplemente que seamos como hijos, sino a ser como *sus* hijos, que seamos los hijos e hijas del Hacedor del cielo y de la tierra.

Si estamos en Cristo, hemos sido bendecidos mucho más allá del perdón que tenemos en él. Dios ha hecho mucho más que declararnos no culpables. Nos ha adoptado en su familia: "Miren con cuánto amor nos ama nuestro Padre que nos llama sus hijos, ¡y eso es lo que somos!" (1 Juan 3:1).

Dios ha hecho las brillantes estrellas. Ha hecho las imponentes montañas. Con su palabra ha dado vida a las galaxias y ha unido las redes de los átomos, pero a ninguna de estas creaciones las ha llamado Dios sus hijos. Solo nosotros, a diferencia de los animales y de los ángeles, somos llamados sus hijos. Si hemos nacido de nuevo, hemos sido recreados y adoptados, entonces solo nosotros hemos recibido el privilegio de ser llamados sus hijos.

Si estamos en Cristo, hemos sido bendecidos mucho más allá del perdón que tenemos en él. Dios ha hecho mucho más que declararnos no culpables. Nos ha adoptado en su familia: "Miren con cuánto amor nos ama nuestro Padre que nos llama sus hijos, ¡y eso es lo que somos!" (1 Juan 3:1).

Cuando tenía diez años, gané un concurso. Mi nombre fue sorteado y me eligieron para ser la "Mascota de la Semana" con los entonces Campeones del Súper Tazón, los Pittsburgh Steelers. Me invitaron a practicar en el estadio y me dieron un recorrido de las oficinas y del vestuario. Me tomaron fotos con seis futuros miembros del Salón de la Fama. El día del juego mi foto estaba en el programa; mi nombre aparecía en el marcador y lo anunciaron por los parlantes. El equipo hizo todo por mí, excepto que no me permitieron usar el uniforme para el juego. Fui prácticamente un miembro honorario del equipo.

Uno podría argumentar que esta es la clase de asunto que Juan tenía en mente aquí, que se nos permite ser *llamados* hijos de Dios. En otras palabras, no somos en realidad sus hijos, pero por el pacto de la gracia, se nos permite usar el término.

Esta palabra *pacto* es importante, una que frecuentemente definimos muy rápidamente y, por consiguiente, muy mal. Pensamos que *pacto* es simplemente una palabra elegante para *contrato*. Con seguridad, hay traslapos importantes entre *contrato* y *pacto*. Ambas palabras implican requerimientos y estipulaciones. Ambas implican promesas y advertencias. Sin embargo, hay una diferencia importante. El concepto de contrato es legal, pero el concepto de pacto es relacional. Es decir, cuando me casé con mi amada esposa, acordamos responsabilidades cuantificables. Yo la doté de todos mis bienes terrenales y ella hizo lo mismo por mí. Prometimos ser fieles el uno al otro hasta que la muerte nos separe. No obstante, nuestra relación es mucho más que simplemente legal.

Cuando llego a casa después de un viaje de trabajo, mi esposa no me entrega una factura. No me cobra por el trabajo que hace al cuidar de los niños, cocinar, etcétera. Yo no contrarresto su factura con una mía en la que resto de su factura todo el dinero con el que contribuyo para el techo que tenemos o para los comestibles. En lugar de eso, nos saludamos con un beso y un abrazo, alegres de estar juntos.

Lo mismo pasa con respecto al evangelio. Tendemos a reducirlo a sus elementos contractuales y consideramos la obra de Cristo en términos de una transacción financiera. Hablamos de nuestros pecados como que han sido acreditados en la cuenta de Jesús y que su justicia se ha acreditado a la nuestra. Esto es cierto y es útil en su lugar, pero es solamente parte de la verdad. Cuando adoptamos esta perspectiva del evangelio, sospecho que imaginamos un futuro algo así: pensamos que al morir, vamos a pararnos en una larga fila a esperar nuestro tiempo ante Dios, nuestro juez. Cuando finalmente nos llamen por nombre, Dios nos mirará desde arriba y nos preguntará cómo nos declaramos. Debido a que entendemos la obra de Cristo, nos declararemos no culpables por la sangre de Cristo que se derramó por nosotros. Entonces Dios mirará sus papeles, quizás para revisar si en su libro aparece nuestro nombre, y finalmente golpeará su martillo y declarará: "No culpable. El siguiente . . ." Entonces, tímidamente, nos abriremos paso alrededor de su escritorio y buscaremos las puertas de perlas para colarnos inadvertidamente por ellas.

La única parte de esta historia que encaja con lo que la Biblia describe es que Dios, en efecto, usa un manto. Sin embargo, él no está sentado detrás de un escritorio. De acuerdo con la Biblia, el evangelio no nos dice que esperaremos en una fila para ver a Dios, sino que él nos espera buscándonos a la distancia. Toma su manto y se lo ata para que sus piernas puedan tener más libertad de movimiento cuando corra a recibirnos. Cuando nos reciba, nos abrazará llorando de alegría:

> Entonces [el hijo] regresó a la casa de su padre, y cuando todavía estaba lejos, su padre lo vio llegar. Lleno de amor y de compasión, corrió hacia su hijo, lo abrazó y lo besó. Su hijo le dijo: "Padre, he pecado contra el cielo y contra ti, y ya no soy digno de que me llamen tu hijo".
>
> Sin embargo, su padre dijo a los sirvientes: "Rápido, traigan la mejor túnica que haya en la casa y vístanlo. Consigan un anillo para su dedo y sandalias para sus pies. Maten el ternero que hemos engordado. Tenemos que celebrar con un banquete, porque este hijo mío estaba muerto y ahora ha vuelto a la vida; estaba perdido y ahora ha sido encontrado". Entonces comenzó la fiesta.
>
> LUCAS 15:20-24

Esto es muchísimo más que el simple perdón. Esta es una reunión gloriosa de un padre con su hijo.

Sin embargo, 1 Juan no nos dice simplemente que somos hijos de Dios. La buena noticia no se trata solo del nombre que está encima del nuestro en el certificado de nuestro nacimiento. Más bien, la gloriosa verdad de que somos sus hijos se da como evidencia de esta verdad gloriosa: ¡él nos ama! Lo que bien puede ser el mayor obstáculo para que los adultos puedan vivir como hijos es que no logramos creer que en realidad Dios nos ama como sus hijos. Si creyéramos que él nos ama, no pasaríamos nuestros días batallando para obtener aclamación y aprobación, ni luchando con los demás por honra y posición.

El evangelio no nos dice que esperaremos en una fila para ver a Dios, sino que él nos espera buscándonos a la distancia. Toma su manto y se lo ata para que sus piernas puedan tener más libertad de movimiento cuando corra a recibirnos.

Los niños, si no intervienen otros factores, tienen la seguridad del amor de su padre. En efecto, ellos confían en ese amor. Nosotros también deberíamos hacerlo. Así que ya que somos sus hijos, se nos llama a recordar, a alegrarnos, a descansar en su amor por nosotros. Cuando Dios me llama a viajar de vez en cuando, tengo cierta rutina que sigo con mis propios hijos. Los abrazo, los beso y les doy las mismas instrucciones: ayuden a mami, recuerden que papi los extraña y recuerden que papi los ama.

Por supuesto, nuestro Padre en los cielos nunca nos deja, por lo que no necesitamos de esas instrucciones, pero deberíamos recordar esta verdad gloriosa cada mañana cuando nos despertamos y cada noche cuando nos vamos a la cama. Nuestro Padre en el cielo *nos ama* con un amor inmutable, eterno e infinito. Esto es una buena noticia.

Sin embargo, 1 Juan 3 no termina en que somos los hijos

amados del Padre. Más bien mira hacia el mismo futuro que anticipamos con esperanza. Se nos dice no solo lo que somos, sino lo que seremos. Llegará el día en que seremos como nuestro Hermano mayor, Jesús, el primogénito de muchos hermanos (ver el v. 2).

Cuando gané ese concurso de niño, fue uno de los días más felices de mi vida. Me iban a dar la oportunidad no solo de ver trabajar a mis héroes, sino de conocerlos, de pasar tiempo con ellos. Debido a que somos adultos apáticos y no niños que se pueden emocionar es que aquí se nos tiene que instar a entender la plenitud y el gozo vertiginoso de lo que se promete. No se nos promete que seremos miembros honorarios de la familia de Dios. No se nos promete que seremos jugadores suplentes del grandioso equipo. Se nos promete que seremos *como él*, ¡que nos transformaremos en nuestro Héroe!

Como niños, tenemos una comprensión innata e inmediata de la gran brecha que nos separa de la gloria que es Cristo. Esta brecha nos mueve a sobrecogernos, a confiar y a asombrarnos. Esta brecha nos hace buscar agradarlo, pero la brecha en sí se cierra con el evangelio. La gran obra de nuestro Héroe es lo que nos está transformando en héroes. El gran proyecto de nuestro Hermano mayor para nosotros, que ahora solo somos niños, es que lleguemos a ser maduros. Estamos en el proceso de crecer, pero a medida que crecemos, no nos volteamos y despreciamos nuestra juventud. Más bien, nos regocijamos en ella sabiendo, con la confianza de un niño, que su plan es el mejor plan. No lamentamos la pérdida de la inocencia, porque por su gracia nos desplazamos a una inocencia mayor, a medida que él nos quita todo lo que no es agradable a sus ojos.

Juan finalmente hace una conexión que la mayoría de nosotros pasa por alto. Sabemos que somos pecadores. Entendemos la importancia de comprender y de creer en las promesas de Dios. Comenzamos a raspar la superficie de la verdad del evangelio de que somos sus hijos, de que él nos ama y nos amará para siempre. Damos un paso más hacia el gozo al recordar que en su amor por nosotros nos ofrece el mayor regalo que podría habernos dado: nos está haciendo más semejantes a su Hijo.

Llegaremos a ser más como niños en la medida que logremos una mejor comprensión de lo que significa que, en efecto, somos sus hijos. Él nos ha rescatado. Él nos ama. Él nos ha adoptado como suyos. Él nos ha hecho herederos del reino. Él ha prometido dirigirnos por el camino correcto para que no lo abandonemos. Él ha prometido hacernos semejantes a él. ¿Cómo podemos desconfiar del amor de un Padre así? A medida que logremos una mayor semejanza con los niños, nos dará más gozo agradarlo y saber que somos el motivo de su sonrisa.

7

EL LLAMADO A LA MADUREZ

No seáis niños en el modo de pensar, sino sed niños
en la malicia, pero maduros en el modo de pensar.

1 CORINTIOS 14:20, RVR60

FUE UNA CONFLUENCIA EXTRAÑA y providencial que tan-
tos héroes descendieran en mi linda ciudad el mismo día.
Era estudiante de primer año en el Reformed Theological
Seminary, durante su primer año en Orlando. Ese mismo
otoño otra institución comenzó en Orlando, el equipo de
básquetbol de la NBA Orlando Magic. Yo ovacionaba al
Magic, por supuesto, pero mi corazón seguía siendo leal al
equipo que había ovacionado desde mi juventud, el equi-
valente de básquetbol a los Pittsburgh Steelers, los Boston
Celtics.

Los Celtics iban a llegar a Orlando solamente una vez ese
primer año y, por la gracia de Dios, no solo tenía un boleto

para el juego, sino un asiento en el piso. El equipo del campeonato de la década de los 80 todavía estaba casi intacto. Iba a ver a Robert Parish, Dennis Johnson, Danny Ainge, Kevin McHale y Larry Bird, de cerca y en persona.

Sin embargo, el día del juego era justamente el primer día de una clase que duraba una semana durante el mes de enero en el seminario; se reunía todos los días, de ocho a cinco. Estudiábamos a Jonathan Edwards, uno de mis héroes teológicos. El profesor que iba a enseñarnos, el doctor John Gerstner, era un héroe no solo para mí sino para mi héroe mayor, mi padre. Así que allí estaba yo ese lunes por la mañana, en una clase que impartía mi héroe, que también es el héroe de mi héroe, y juntos estudiábamos a su héroe, mientras esperaba ir a ver jugar a mis héroes de básquetbol.

No escuché mucho ese primer día de clases. Tan emocionado como estaba de estudiar con el doctor Gerstner, estaba también un poco distraído. Había ocho estudiantes en la clase y comenzamos a revisar nuestras tareas. El doctor Gerstner explicó que a cada uno se nos asignaría una porción de la obra de Edwards *The Freedom of the Will* (La libertad de la voluntad). Se requería que diéramos una presentación de cuarenta y cinco minutos y luego tendríamos que responder preguntas durante cuarenta y cinco minutos. Hay cuatro partes en el ensayo de Edwards. Todo eso sonaba maravilloso, hasta que el doctor Gerstner dijo que yo daría mi reporte sobre la primera cuarta parte del ensayo a la mañana siguiente. Allí fue donde dejé de escuchar.

Las horas restantes de clase las pasé batallando con esta

decisión aparentemente imposible. Podía ir al único juego que había estado esperando durante toda la temporada y hacer un mal trabajo en mi tarea. O podía hacer a un lado mis deseos obviamente insignificantes y responsabilizarme con mi verdadero llamado como estudiante. Podía complacer a mi héroe, que también era el héroe de mi padre y, al hacerlo, complacer a mi padre. O podía ir a ver jugar a Larry Bird.

Vacilé hasta que la clase terminó a las cinco. Me subí a mi auto y conduje directo al estadio. Finalmente había tomado una decisión. Iba a hacer ambas cosas, sin importar lo que requiriera. Iba a ir al juego, lo disfrutaría y me embebería en él. Probablemente volvería a casa alrededor de las once, y si tenía que quedarme despierto hasta las cinco de la mañana, lo haría. Iría a clase, presentaría mi reporte, lucharía por permanecer despierto el resto del día y me recuperaría después. Estaba decidido a trabajar de sol a sol; trataría de jugar en ambas canchas para sacar ventaja. Iba a sacarle ventaja a la misma juventud que me hizo tomar la decisión incorrecta para buscar energías para cubrir mi disparate.

Eso es precisamente lo que hice. Sinceramente no recuerdo mucho del partido. Tampoco recuerdo mucho de mi presentación. Recuerdo aún menos lo que se dijo el resto de ese largo día. Sé que mi presentación recibió un elogio que creo que nunca olvidaré: el doctor Gerstner le dijo a mi padre, que había sido su estudiante alrededor de treinta años antes: "Fue como haberte visto otra vez."

A pesar de esas estimulantes palabras y a pesar de sentir todavía el dolor de la decisión que tuve ante mí ese día, recuerdo mi elección con pesar. No estuve enfrascado tratando de discernir la decisión correcta. Estuve destrozado porque la decisión correcta y la elección que en realidad quería hacer eran opuestas. El hecho de que logré cubrirme el día después del partido no cambia el que haya elegido el "querer" y no el "deber." Espero haber aprendido y crecido desde entonces y espero que si se me volviera a presentar otra vez esa opción, me comportaría con mayor madurez y haría lo correcto.

Cuando comenzamos a considerar nuestro llamado a ser como niños, nos damos cuenta de lo extraño que parece, en la superficie, este mandamiento de nuestro Hacedor. Servimos al Dios de sorpresas, y su perspectiva siempre es la correcta y siempre nos corregirá cuando la nuestra esté equivocada. Sin embargo, también observamos que el deleite del diablo no solo es estimularnos a pasar por alto o a despreciar este llamado, sino a hacernos correr en la dirección opuesta. Su voluntad es que adoptemos algunos aspectos de la juventud que deberíamos superar y dejar atrás con la edad, y que rechacemos los aspectos a los que somos llamados. Nuestro enemigo no solo quiere que seamos "maduros" de la peor manera posible, sino que también quiere que huyamos del llamado bíblico a la madurez. Él quiere que nos equivoquemos de toda manera posible.

Al inicio del libro sugerí que mientras que la mayor parte de nuestra atención se enfocaría en cómo llegar a ser más semejantes a los niños en el sentido bíblico, también dedicaríamos algo de tiempo para reflexionar sobre nuestro llamado a madurar. El Nuevo Testamento tiene muchos llamados a la madurez, a la plenitud. Si quisiéramos ser como niños, dispuestos a complacer, a confiar, también tendríamos el deseo de llegar a ser más maduros.

Pablo hace uno de esos llamados a la madurez en un contexto que resalta nuestro llamado permanente a ser aún como niños. Él escribe: "Hermanos, no seáis niños en el modo de pensar, sino sed niños en la malicia, pero maduros en el modo de pensar" (1 Corintios 14:20, RVR60). Si alguna iglesia batalló tanto con la falta de madurez como con la profunda necesidad de llegar a ser más como niños, fue la iglesia de Corinto. Esta iglesia fue sacudida por la desunión y el escándalo, y la raíz de todo fue el orgullo. Pablo tuvo que tratar con los grupos de supuestos cristianos, seguidores de Apolos, de Pedro e incluso de Pablo, que definían su identidad no en términos de seguir a Cristo, sino de seguir a su maestro favorito. Además, los corintios se consideraban tan maduros, tan comprometidos con la gracia, que permitían que un hombre tuviera a la mujer de su padre, algo que ni siquiera los inconversos harían, según Pablo señala correctamente.

Ese mismo espíritu se manifestó en una búsqueda orgullosa de dones espirituales en esa iglesia. Mucha gente veía los dones como señales de la superioridad espiritual de los que los tenían. En el capítulo 13, Pablo les recuerda a los corintios que ninguna de las cosas por las que se pelean significa algo sin amor. En 14:20, él los llama a no ser niños en el entendimiento, que muy bien puede ser el inicio de cómo es la madurez. Sin embargo, me temo que todavía me veo tentado a ser lo suficientemente inmaduro como para confundir la madurez de entendimiento con la disposición y la capacidad para discutir sutiles puntos teológicos. ¿Es eso lo que Pablo está señalando aquí?

Creo que no. Ser maduro en entendimiento no se trata, en última instancia, de conocer las definiciones y facetas de complejos conceptos teológicos. Ser maduro de pensamiento no tiene que ver con el hecho de leer a los teólogos más estimulantes de nuestra época. Irónicamente, la madurez de entendimiento bien podría ser recordar y apoyarse en las cosas más sencillas.

Claro que deberíamos dar gracias por nuestros padres en la fe, que nos han ayudado a llegar a entender los profundos asuntos teológicos a la luz de la Palabra. Al mismo tiempo, tenemos que ser lo suficientemente maduros como para confesar que el evangelio es lo suficientemente simple hasta para que un niño lo comprenda. Piensa en el encuentro de Felipe con el eunuco etíope (Hechos 8:26-39). Aunque el eunuco ya estaba estudiando la sabiduría de Isaías, su aceptación de la obra completa de Cristo seguramente llegó antes de que Felipe pudiera darle un discurso acerca de la propiciación. El ladrón en la cruz había estudiado muy poco y se le había explicado aún menos, pero el mismo Jesús le aseguró un lugar en el paraíso. Nunca deberíamos igualar la arrogancia teológica con la madurez espiritual.

Esa madurez se mide menos con la habilidad de citar a los mejores rabinos y más con permanecer firmes, al no ser "arrastrados de un lado a otro ni empujados por cualquier corriente de nuevas enseñanzas" (Efesios 4:14). En la iglesia donde trabajé, teníamos a un joven que era un ávido estudiante de teología. Tenía un trasfondo muy complicado y no era muy culto, pero su pasión lo llevó a leer mucho y, en general, sabiamente. En los acontecimientos de la iglesia nada le gustaba más que sentarse y discutir todo lo que estaba aprendiendo. Era un tipo agradable también, por lo que ocurrió que no solamente tendía a pontificar sino que se encontró con un grupo bastante grande de seguidores que estaba dispuesto a aprender de él.

Todo marchaba bien, hasta que comenzó a explorar una posición oscura y peligrosa sobre la escatología. Había estado leyendo acerca de una opinión que sostiene que toda profecía bíblica ya se ha cumplido, que ya no tenemos que esperar nada más. Yo había leído algo sobre esta opinión y también había escrito al respecto. Lo que me hizo levantar las cejas y también las de los demás ancianos de la iglesia, fue lo que le oímos preguntarse en voz alta ante su multitud usual: si tal vez ya no habría que esperar una Resurrección futura. Tal vez Jesús no volvería, después de todo. De repente, sus estudios lo habían llevado, y por extensión a los que lo estaban escuchando, a desviarse del verdadero camino.

Esta es precisamente la clase de inmadurez sobre la que Pablo advierte. Debido a que vivimos en una época igualitaria, pensamos que a nuestras propias especulaciones debe dárseles el mismo peso que a la sabiduría de los siglos. No honramos a los padres que nos han precedido y tenemos un concepto demasiado elevado de nosotros mismos. Un entendimiento maduro es un entendimiento consciente de sí mismo, que sabe lo engañoso que puede ser nuestro corazón. Como dijo una vez un teólogo sabio, si se le ha ocurrido una idea que la iglesia ha rechazado por ser errónea por dos mil años, ¿qué tan probable es que usted esté en lo correcto y que el resto de la iglesia se haya equivocado a lo largo de la historia?

La madurez significa, en parte, aferrarse a las grandes verdades de las Escrituras que se han transmitido a través del tiempo. Significa reconocer que cualquier especulación que nos quite la vista de la provisión completa de Cristo para nosotros no solo está equivocada, sino que es peligrosa. Hace recordar la sabiduría repetida de Pablo, que cuando agregamos cualquier cosa a la obra de Cristo, quitamos la obra de Cristo. A medida que nos aferramos a las verdades de las Escrituras, vemos que esa Palabra madura en nosotros y que, al final, produce mucho fruto.

Observa también que con respecto a la malicia Pablo une la madurez de pensamiento con la semejanza a los niños. No perdemos lo uno para ganar lo otro. Más bien, ambos están unidos firmemente. Cuando recordamos que somos niños que fuimos rescatados y no genios teológicos que escalamos las alturas del pensamiento sólido por nosotros mismos, quitamos la malicia de nuestros corazones. No nos involucramos en competencias para demostrar quién de nosotros es el más inteligente, porque recordamos que inteligencia no es un atributo del fruto del Espíritu.

Pablo, quien creo que escribió el libro de Hebreos, dice mucho de lo mismo en un pasaje familiar:

Hace tanto que son creyentes que ya deberían estar enseñando a otros. En cambio, necesitan que alguien vuelva a enseñarles las cosas básicas de la palabra de Dios. Son como niños pequeños que necesitan leche y no pueden comer alimento sólido. Pues el que se alimenta de leche sigue siendo bebé y no sabe cómo hacer lo correcto. El alimento sólido es para los que son maduros, los que a fuerza de práctica están capacitados para distinguir entre lo bueno y lo malo.

HEBREOS 5:12-14

Qué pecador soy si tomo esta advertencia *en contra* del orgullo y la convierto en una oportunidad *para* el orgullo. Si tomo la sabiduría de Pablo y divido el reino de Dios en dos campos: la gente pobre, ignorante y de leche; y la gente de carne, gente como yo. Pablo no critica a su audiencia por no llegar a ser lo suficientemente capaz de hablar de teología profunda. No mide —y nosotros tampoco deberíamos hacerlo— la madurez espiritual por la claridad y la perspicacia de nuestros argumentos en cuanto a cuántos ángeles pueden hacer piruetas en la cabeza de un alfiler. La comida sólida a la que se nos llama aquí se relaciona con nuestra capacidad para discernir entre el bien y el mal.

> *No debemos medir la madurez espiritual por la claridad y la perspicacia de nuestros argumentos en cuanto a cuántos ángeles pueden hacer piruetas en la cabeza de un alfiler, sino por nuestra capacidad para discernir entre el bien y el mal.*

En mi propia tradición perdemos la fuerza de lo que Pablo dice aquí precisamente porque no entendemos. Pensamos que el bien y el mal a los que estamos llamados a discernir son la buena precisión teológica y el mal error teológico. Es decir, debido a que medimos nuestro nivel de madurez espiritual no por cuánto nos parecemos a Dios sino por lo mucho que sabemos, medimos el bien y el mal de la misma manera. Creemos que Pablo le pide al resto de la iglesia que sea más como nosotros —teológicamente inflados, orgullosos y santurrones—, pero lo que Pablo dice es precisamente lo opuesto. Demostramos nuestra madurez espiritual a medida que reconocemos que nosotros mismos no somos más que bebés. Masticamos la carne de la Palabra cuando meditamos en lo que significa cumplir con nuestro llamamiento a ser como niños.

¿Cómo sabemos esto? Pablo nos lo dice. Recuerda que las divisiones de la Biblia en capítulos y en versículos no fueron inspiradas por el Espíritu Santo. Son una invención humana que frecuentemente ayuda y ocasionalmente entorpece. Cuando el capítulo 5 de Hebreos termina y comienza el 6, Pablo no deja de discutir la leche y la carne para comenzar con algo nuevo. Más bien él desarrolla y explica su punto:

Así que dejemos de repasar una y otra vez las enseñanzas elementales acerca de Cristo. Por el contrario, sigamos adelante hasta llegar a ser maduros en nuestro entendimiento. No puede ser que tengamos que comenzar de nuevo con los importantes cimientos acerca del arrepentimiento de las malas acciones y de tener fe en Dios. Ustedes tampoco necesitan más enseñanza acerca de los bautismos, la imposición de manos, la resurrección de los muertos y el juicio eterno. Así que, si Dios quiere, avanzaremos hacia un mayor entendimiento.

HEBREOS 6:1-3

Recuerda que este es el tema fundamental que debemos dominar antes de trasladarnos a la carne. Lo que se supone que debemos dominar es el arrepentimiento de las obras muertas y la fe hacia Dios. Las cosas básicas no son la persona y la obra de Cristo y la justificación, mientras que la predestinación y la providencia son las cosas sustanciosas. Más bien, estos temas fundamentales se centran en nuestra relación con nuestro Padre celestial. ¿Reconocemos nuestra dependencia? ¿Creemos lo que nuestro Padre celestial nos dice al darle nuestro "amén" a cualquier cosa que él diga? ¿Creemos las promesas de sus pactos y la promesa del mundo venidero, cuando seremos como él, porque lo veremos tal como es él? No podemos trasladarnos a la carne hasta no haber dominado estas cosas y obtenido un nivel muy básico de madurez. Tenemos que aprender a discernir el bien y el mal. Así es como se ve la madurez; es lo que Adán y Eva trataron de asir antes de estar preparados. Así que, si se nos llama a esta madurez, ¿dónde la encontramos?

Al recordar que Santiago y Pablo creían en el mismo evangelio y servían al mismo Señor (así como Apolos, Pedro y

Pablo, cosa que los corintios no lograron entender), veamos si Santiago puede darnos algo de sabiduría acerca de dónde y cómo obtener la madurez espiritual. Si alguien hubiera podido reclamar el título de "maduro" entre todos los santos del Nuevo Testamento, ese sería Santiago. Según la mayoría de los eruditos, la primera carta del Nuevo Testamento que se escribió fue la epístola de Santiago. A pesar de haber negado a Cristo cuando era más joven, Santiago, medio hermano de Jesús, llegó a ser no solo creyente sino un gran líder de la iglesia primitiva. Presidió el concilio de Jerusalén que se convocó para tratar con el asunto de la circuncisión (ver Hechos 15). La tradición dice que se ganó el apodo de Rodillas de Camello porque pasaba tanto tiempo en oración que sus rodillas se deformaron, al igual que las de un camello. Él fue, en resumen, un padre para los fieles.

En la carta de Santiago, al haber afirmado su posición como simple siervo de Dios y de Jesucristo, él rápidamente nos muestra el camino a la madurez:

> Amados hermanos, cuando tengan que enfrentar
> problemas, considérenlo como un tiempo para
> alegrarse mucho porque ustedes saben que, siempre
> que se pone a prueba la fe, la constancia tiene
> una oportunidad para desarrollarse. Así que dejen
> que crezca, pues una vez que su constancia se
> haya desarrollado plenamente, serán perfectos y
> completos, y no les faltará nada.
>
> SANTIAGO 1:2-4

Santiago dice que el camino a la madurez espiritual son las pruebas. Sin embargo, la señal de que estamos en el camino es que nos alegramos incluso en medio de esas pruebas. Santiago no es ningún estoico filosófico que nos llama a ejercer la voluntad para mantenernos inmutables. Él no está simplemente haciéndonos un llamado a soportar, a perseverar a la luz de todo lo que Dios ya hizo por nosotros. No nos pide que practiquemos el principio de que la mente puede más que el cuerpo. Más bien, podemos y debemos considerar una razón de alegría cuando las pruebas y las dificultades se atraviesan en el camino porque prueban nuestra fe y esa prueba produce paciencia. Lo consideramos gozo porque al final, esa paciencia resulta en su obra perfecta y nos hace completos, careciendo de nada; en otras palabras: *maduros*.

La madurez, en pocas palabras, es la capacidad de discernir el bien y el mal, porque sabe cuál es el bien supremo. Somos inmaduros cuando pensamos que Dios nos ha puesto en el planeta para disfrutar de comodidad y de tranquilidad. Somos maduros cuando entendemos que el mejor regalo que se nos puede dar es que seamos más semejantes a él. La comodidad y la tranquilidad nos engordan y nos dan felicidad temporal. Por otro lado, las pruebas nos maduran, nos hacen más semejantes a él: aptos y santos.

Hace varios años, mi querida esposa y yo pasamos por una larga cadena de dificultades. A ella le diagnosticaron cáncer de mama el día anterior a que yo perdiera el trabajo que había esperado tener toda mi vida. Nuestra hija Shannon comenzó a tener convulsiones terribles. Hubo relaciones rotas en nuestra iglesia. Estuvimos lidiando literalmente con una cosa tras otra, pero Dios nos sustentó durante esa época. Cuando comenzamos a ver una luz al final del túnel (un indulto temporal, sin duda, ya que seguimos enfrentando esta misma clase de retos años después), le confesé a Denise que pensaba que sabía por qué había ocurrido todo esto: por algo que yo hice.

—¿Qué hiciste? —preguntó.

—Bueno, es algo que dije, por así decirlo.

—¿Y qué dijiste? —preguntó.

—Bueno, es algo que dije en oración.

La voz de Denise subió a un tono más alto cuando ella me preguntó:

—¿Y qué fue lo que dijiste en oración?

Había orado algo así:

Señor, tú conoces mi corazón mucho mejor que yo. Conoces la profundidad y el alcance de mi pecado y te agradezco porque solo me dejas ver más de ello lentamente. Aun así, sé algo de lo que mi corazón anhela. Quiero comodidad. Quiero tranquilidad. Quiero que me respeten y que me honren. Mi corazón anhela prosperidad. Señor, quiero todas las cosas que se supone que no debo querer. Por tu gracia, mi mente por lo menos sabe lo que se supone que debo querer, aunque mi corazón rehúsa seguirla. Así que, por favor, escucha mi oración. Quiero que por favor no le pongas atención a los deseos de mi corazón. Ignóralos. Señor, cuando me queje amargamente porque no me das lo que anhelo, no me escuches. Mi oración, Señor, es que oigas la oración de mi mente, no la de mi corazón. Por favor, Señor, oye esto. Mi oración es que te agrade hacerme más semejante a tu Hijo Jesús.

Señor, te suplico que por favor envíes lo que se requiera. Lo que se requiera. *Y, Señor, por favor haz lo mismo con mi amada esposa y con los niños que nos has dado.*

El mismo gozo al que Santiago nos llama con respecto a nuestras pruebas es a lo que Jesús nos llama a alegrarnos. Solo dos veces en el Nuevo Testamento se llama al pueblo de Dios a regocijarse y a estar sumamente alegres. La primera vez es en el Sermón del Monte. Allí, después de prometernos bendición cuando tenemos hambre y sed de justicia, cuando somos humildes, cuando somos pacificadores, cuando estamos de luto, cuando somos pobres de espíritu, él nos dice qué nos hará muy contentos: "Dios los bendice a ustedes cuando la gente les hace burla y los persigue y miente acerca de ustedes y dice toda clase de cosas malas en su contra porque son mis seguidores. ¡Alégrense! ¡Estén contentos, *porque les espera una gran recompensa en el cielo*! Y recuerden que a los antiguos profetas los persiguieron de la misma manera" (Mateo 5:11-12, énfasis agregado). La promesa de Jesús es que cuando sufrimos persecución por su nombre, sabemos con seguridad que recibiremos un gran premio en el cielo. En efecto, por lo menos parte de ese gran premio es que seremos hechos semejantes a él. Mientras más semejantes a él seamos, incluso aquí en la tierra, más experimentaremos el cielo en este lado de la eternidad.

En este punto, Jesús bien puede estar señalando una de las características que definen la madurez: la capacidad de retrasar la gratificación. Recientemente enfrenté ese asunto cara a cara. Tengo el hábito de caminar cada mañana alrededor de cinco kilómetros y medio, mayormente porque no soy tan maduro en mis hábitos alimenticios. Prefiero despertarme cuando todavía está oscuro y caminar en círculos antes que renunciar a la gratificación que obtengo al comer papas fritas. Recientemente, he estado llevando conmigo a Donovan, mi hijo menor. Donovan, de casi dos años cuando escribí esto, disfruta el paseo en el cochecito de trotar. Bien podría ser el único en la familia que se despierta antes que yo. Le hemos dicho que se quede en su cuna hasta que alguien llegue por él, pero ha aprendido a escalar por un lado y a escaparse. Así que, cuando se despierta se enfrenta con una decisión, y esa decisión proporciona una oportunidad de enseñarle por medio de las consecuencias.

Cuando entro a su cuarto y lo encuentro en su cuna, lo levanto, lo cambio, lo visto y nos vamos a caminar. Si lo encuentro jugando en el suelo, simplemente va de regreso a su cuna y yo me voy solo. Sus opciones son claras: puede salir de la cama más temprano y explorar su cuarto, o puede esperar y explorar la naturaleza conmigo. Puede ver la bandada de pavos que vive en nuestro vecindario, las innumerables ardillas o incluso la docena de venados que pastan por allí cada mañana. Cuando es capaz de retrasar la gratificación, su gratificación es mucho más plena.

Trato de vivir bajo el mismo principio e inculcárselo a todos mis hijos. El simple mantra de nuestra casa es "trabaja ahora, juega después." A veces incluso puedo aplicar el principio excesivamente. Si usted viene a cenar a nuestra casa, probablemente se preguntará qué me pasó después de la comida. Parece que no puedo quedarme sentado y atender a la visita, aun con amigos cercanos, cuando sé que hay trastos sucios en la cocina. Trabaja ahora, juega después —primero lavo los trastos.

La madurez, a su vez, es el fruto de ver con los ojos de la fe. Los niños se quedan con la boca abierta y ovacionan los trucos de magia precisamente porque creen lo que sus ojos ven. Sin embargo, en última instancia, Dios no nos llama a creer lo que vemos sino lo que él dice. La gente madura mira lo que ve, sus circunstancias, y permanece firme en las promesas de Dios. Tienen la capacidad de recordar la historia, de mantener presente aquellas veces en las que Dios liberó a su pueblo. Aquellos que son maduros ven tanto hacia atrás como hacia delante: atrás a la fidelidad de Dios y a las liberaciones del pasado, y hacia delante a sus promesas que están por cumplirse.

Cuando Pablo les escribió a los corintios, se enfrentó con una afección común: la erosión de la fe que puede surgir del dolor del sufrimiento:

Tenemos esta luz que brilla en nuestro corazón, pero nosotros mismos somos como frágiles vasijas de barro que contienen este gran tesoro. Esto deja bien claro que nuestro gran poder proviene de Dios, no de nosotros mismos.

Por todos lados nos presionan las dificultades, pero no nos aplastan. Estamos perplejos pero no caemos en la desesperación. Somos perseguidos pero nunca abandonados por Dios. Somos derribados, pero no destruidos. Mediante el sufrimiento, nuestro cuerpo sigue participando de la muerte de Jesús, para que la vida de Jesús también pueda verse en nuestro cuerpo.

Es cierto, vivimos en constante peligro de muerte porque servimos a Jesús, para que la vida de Jesús sea evidente en nuestro cuerpo que muere. Así que vivimos de cara a la muerte, pero esto ha dado como resultado vida eterna para ustedes.

Sin embargo, seguimos predicando porque tenemos la misma clase de fe que tenía el salmista cuando dijo: *"Creí en Dios, por tanto hablé"*. Sabemos que Dios, quien resucitó al Señor Jesús, también nos resucitará a nosotros con Jesús y nos presentará ante sí mismo junto con ustedes. Todo esto es para beneficio de ustedes, y a medida que la gracia de Dios alcance a más y más personas, habrá abundante acción de gracias, y Dios recibirá más y más gloria.

Es por esto que nunca nos damos por vencidos.

2 CORINTIOS 4:7-16 (ÉNFASIS AGREGADO)

Los que son maduros experimentan todas esas dificultades —presionados por dificultades, perplejos, perseguidos, derribados— pero logran no estar aplastados ni desesperados pues saben que Dios no los ha abandonado. Los maduros saben y ven la conexión invisible pero inquebrantable entre su propio sufrimiento y el de nuestro Señor. Mejor aún, saben y ven la conexión invisible e inquebrantable entre el sufrimiento y la muerte de nuestro Señor y su resurrección y la nuestra. Los niños a veces hacen rabietas cuando no les permitimos hacer las cosas a su modo. Sin embargo, los que son maduros son pacientes y sabios, y saben que algo bueno saldrá de las dificultades que sufren.

Cuando somos maduros, podemos hacer comparaciones cuidadosas y racionales entre las dificultades de hoy y las promesas de mañana. Al hacerlo, no consideramos que la balanza se vaya a equilibrar al final o que saldremos un poco mejor. Más bien, esa comparación sobria termina con el ataque de risa característico de los niños, al ver la abundancia rebosante de la gracia que se nos ha prometido. Entonces Pablo continúa: "Aunque nuestro cuerpo está muriéndose, nuestro espíritu va renovándose cada día. Pues nuestras dificultades actuales son pequeñas y no durarán mucho tiempo. Sin embargo, ¡nos producen una gloria que durará para siempre y que es de mucho más peso que las dificultades! Así que no miramos las dificultades que ahora vemos; en cambio, fijamos nuestra vista en cosas que no pueden verse. Pues las cosas que ahora podemos ver pronto se habrán ido, pero las cosas que no podemos ver permanecerán para siempre" (2 Corintios 4:16-18).

Debido a que somos infantiles y no como los niños, pasamos por alto la plenitud del evangelio. C. S. Lewis sostiene este argumento en *The Weight of Glory* (El peso de la gloria):

En efecto, si consideramos las promesas sin reparos de recompensa y la naturaleza asombrosa de las recompensas que se prometen en los Evangelios, parecería que a nuestro Señor nuestros deseos le parecen no muy fuertes, sino demasiado débiles. Somos criaturas poco entusiastas, que perdemos el tiempo con la bebida, el sexo y la ambición cuando se nos ofrece gozo infinito, al igual que un niño ignorante que quiere seguir haciendo pasteles de lodo en un barrio pobre, porque no puede imaginarse lo que representa la oferta de unas vacaciones en el mar. Se nos puede complacer demasiado fácilmente.

La madurez de saber y de creer todo lo que Dios nos ha prometido nos lleva a una reacción parecida a la de un niño en la mañana de Navidad. No obstante, somos culpables de adorar al dios de nuestra época, el dios que el difunto Francis Schaeffer apodó "el ídolo de la paz y de la afluencia personal." Sin embargo, este dios no vale nada y es tan incapaz de satisfacer como la bebida, el sexo y la ambición.

Debido a que somos más adultos que personas maduras, tendemos a tomar nuestros pecados y a bautizarlos, disfrazándolos de madurez espiritual. Una tentación con la que tengo que batallar una y otra vez es la de confundir mi propio nivel de conocimiento intelectual con madurez espiritual. No contento con pecar enorgulleciéndome con la extensión de mi propia biblioteca, pecaminosamente la vi como una señal de profundidad espiritual, pero Dios me ayudó con esto una noche, de manera inesperada. Era estudiante de primer año en un seminario que estaba en su primer año. Debido a que el

Reformed Theological Seminary acababa de abrir su campus en Orlando, había una presión comprensible para llenar las aulas. Ofrecía múltiples clases nocturnas y tenía anuncios en las iglesias locales, en búsqueda de personas laicas interesadas en estudiar. También buscaba pastores locales que no tuvieran educación teológica superior. El resultado, en mi mente orgullosa, fue un plan de estudios diluido. Sin argumentos de peso ni lo suficientemente estimulante, demasiadas lecciones al estilo de escuela dominical.

Una noche en particular, nuestro profesor invitó a un estudiante a iniciar la clase con una oración. Era una práctica lo suficientemente común, pero esta vez me preocupé. El profesor le había pedido a uno de los pastores "no educados" que orara. En otras clases, este hombre había hecho las preguntas más simples y básicas, cosas que tenía que haber aprendido de niño, y ahora él iba a orar por nosotros. Incliné la cabeza, listo para tomar nota mentalmente de cada error que cometiera, cuando pasó algo asombroso: comenzó a hablarle a Dios.

Debido a que somos más adultos que personas maduras, tendemos a tomar nuestros pecados y a bautizarlos, disfrazándolos de madurez espiritual.

No sé si podría marcar la diferencia entre sus oraciones y las mías. No dudo que cometiera algún error teológico ocasional en el proceso, pero mientras escuchaba, supe que era un hombre que conocía a Dios mucho más íntimamente que yo. Supe que sabía que estaba con el Dios Altísimo. Supe que estaba acostumbrado a esto, aunque ciertamente no lo daba por sentado. A los tres minutos de oración, había tenido suficiente para examinarlo y comencé a orar de la manera más sincera que jamás hubiera hecho antes. Mi oración fue algo así:

Oh Señor, sé que eres soberano, todopoderoso. Sé que puedes hacer toda tu santa voluntad. No dudo de tu fortaleza, pero hoy he llegado a conocer mucho más de mi debilidad. Quiero pedirte un milagro. Señor, ¿podrías y estarías dispuesto, antes de que muera, a hacerme la mitad de lo que este hombre es? ¿Sería incluso posible que pudieras obrar así en mi vida? Señor, porque sé que puedes, por asombroso que parezca; perdonar mi arrogancia y mi orgullo al considerarme superior a este hombre, ¿podrías también hacer que sea mejor de lo que soy?

Eso es lo que debemos anhelar, que a medida que envejecemos y maduramos, lleguemos a ser menos lo que éramos y más lo que se nos ha llamado a ser. El hambre de madurez no es nada más ni nada menos que el deseo de ser más semejantes a Jesús. Él es la imagen expresa de la persona completa. Él es "El Hombre," que incluso Pilato reconoció (ver Juan 19:5). Sin embargo, solo hay un camino para llegar allí: la Vía Dolorosa, el camino del sufrimiento. Así es como maduramos, como crecemos en gracia y en sabiduría, la manera en que llegamos a ser adultos espirituales y, al mismo tiempo, a ser como los niños.

Se nos llama a confiar como los niños, a apoyarnos en la Palabra, en las promesas de nuestro Padre en el cielo. No debemos cínicamente retorcer ni distorsionar esas promesas sino, más bien, creerlas con total abandono. Lo hacemos al andar en los zapatos ensangrentados de nuestro Hermano mayor y al caminar en el sendero que él ha abierto para nosotros. El costo es efectivamente alto, pero la recompensa es inmensurable. Por la gracia de Dios, a medida que maduramos, podemos esperar que en nuestro lecho de muerte podamos expresar estas últimas palabras: "He *peleado la buena batalla*, he terminado la carrera y he permanecido fiel" (2 Timoteo 4:7, énfasis agregado). Entonces al cruzar al otro lado, seremos bendecidos al escuchar las primeras palabras del resto de la historia: "Bien hecho, mi buen siervo fiel. . . . ¡Ven a celebrar conmigo!" (Mateo 25:21).

8

EL LLAMADO A LA ALEGRÍA

¡Alégrense! ¡Estén contentos, porque les espera una gran recompensa en el cielo!

MATEO 5:12

Es un rito en casi todas las culturas. La humanidad, como humanidad, parece percibir la necesidad no solo de trazar una línea clara sino de marcar y de celebrar el paso de esa línea. Cuando un niño se convierte en hombre, o una niña se convierte en mujer, algo profundo ha ocurrido. El pueblo judío marca el acontecimiento con el *bar mitzvah* (o *bat mitzvah* para las niñas). Algunas tribus indígenoamericanas envían a sus niños en una búsqueda espiritual y los reciben como hombres cuando regresan. Las niñas apaches pasan cuatro días y cuatro noches en pruebas de resistencia, fortaleza y carácter, y son recibidas a su vuelta como mujeres, listas para ocupar su lugar en la cultura.

A un amigo se le ocurrió su propia ceremonia. Cuando consideró que su hijo se había convertido en hombre, invitó a cientos de amigos a celebrar y marcó ese hito no solo al darle al hijo un discurso, sino que también le dio una espada.

Sin embargo, la cultura occidental más amplia está perdiendo de vista rápidamente la importancia de marcar este cambio. Más allá del rito burocrático de inscribirse para el reclutamiento militar, ¿qué ceremonia tenemos? Se podría argumentar que no tenemos ceremonia, porque no tenemos ninguna idea de cuándo tenerla. La inmadurez es tan endémica entre los jóvenes de nuestra tierra que la epidemia hasta tiene un nombre: despegue fallido. Incluso cuando un joven logra dejar el nido y establecer un hogar, todavía hay que vencer otro obstáculo: el efecto bumerán. En cantidades récord vemos jóvenes que no dejan el hogar de sus padres o que terminan regresando a esos hogares.

Aunque yo había establecido mi hogar varios años antes, pasé por lo que en estos días podría ser una ceremonia que reconocía el hecho de que entraba a la adultez. Ya era un esposo bendecido y un padre agradecido por dos niños pequeños. A Denise y a mí, en la buena gracia de Dios, nos habían dado una parejita, primero una niñita y luego un niñito. En ese punto, la sabiduría convencional nos habría estimulado a seguir con la siguiente etapa de nuestra vida y dejar de tener bebés, pero tomamos la perspectiva de que los hijos son una bendición de la mano de Dios (Salmos 127) y buscamos ser bendecidos aún más. Dios oyó nuestras oraciones y, entonces, con una hija de tres años y un hijo de un año, nos encontramos con otro embarazo.

La llegada de nuestra segunda hija no fue en sí el cambio que experimenté; solo precipitó el cambio. Cuando Denise y yo nos casamos, cada uno llegó con algo a nuestra vida matrimonial. Yo contribuí con un BMW. Estaba bastante usado cuando lo compré, y cuando ya teníamos cuatro años de casados, su odómetro había pasado de 150.000 millas y se acercaba a las 200.000. También requería viajes frecuentes y costosos al taller de reparaciones. Unos cuantos años antes, le había comprado a mi esposa una camioneta Volvo: bonita, segura y también bastante usada, con apenas la mitad del recorrido de mi auto. Aquí es donde mi dulce esposa sacó a colación el tema. A pesar de que sin duda podíamos apretar a los tres niños en sus asientos de bebé en la parte de atrás de la Volvo, ella pensó que sería más sabio en ese momento hacer lo que hacen todos los adultos: comprar una camioneta familiar.

El momento había llegado. Tenía tres opciones ante mí. Podía haber fracasado en el examen de manera lamentable e insistir en que no iba a cambiar la Volvo por una camioneta familiar, con el argumento de que era demasiado atractivo y joven como para andar en ese tipo de auto. O podría haber pasado el examen y cambiado la Volvo por la camioneta. Entonces sabría que había hecho lo correcto (y todavía podría conducir mi BMW). Sin embargo, la tercera opción fue la mejor de todas, la que está por encima y más allá del llamado, y esa fue la decisión que tomé. Acepté no solo comprar la camioneta, sino cambiar mi BMW por ella, lo que me dejó con una camioneta Volvo para conducir. A pesar de que no estaba allí para hacerlo, sospecho que mi padre habría entonado: "Hijo mío, hoy eres un hombre."

En cosa de meses, había superado mi sacrificio porque tenía algo aún mejor que celebrar. Denise dio a luz a nuestra segunda hija, la bendición número tres. Shannon fue algo gordita, pero tuvo una buena puntuación en el índice de Apgar. Por primera vez tuvimos una bebé que no sufrió un caso fuerte de ictericia, y muy rápidamente aprendió a dormir toda la noche, sin siquiera dar un paseo por la secadora. Darby y Campbell se alegraron al tener una hermanita nueva. A Darby le preguntaron una vez durante el embarazo si esperaba que fuera niño o niña. Darby sabía no solo lo que quería sino por qué, pues respondió: "Mami, papi y yo ya tenemos un niñito."

Cuando Shannon tenía alrededor de seis meses, comenzamos a observar algunos detalles con ella. No llegaba a los puntos de referencia típicos en sus capacidades. A veces sus brazos temblaban levemente. Tenía un poco de estrabismo y no estaba aumentando de peso. Nuestro maravilloso médico familiar nos dio consejos acerca de esto y de aquello. A Shannon la vio un especialista y le hicieron cirugía para arreglarle el ojo. Comenzamos a echarle mantequilla líquida a su comida de bebé, esperando que la ayudara a subir de peso. No estábamos demasiado preocupados.

Entonces, al mismo tiempo en que Shannon no aumentaba de peso, mi esposa comenzó a aumentar. Después de tres hijos, todos con más o menos dos años de diferencia, nos sorprendimos al saber que esperábamos a la bendición número cuatro como una semana antes del primer cumpleaños de Shannon. Recibimos a Delaney en nuestra familia, justo cuando las preocupaciones por Shannon comenzaron a aumentar. Dos meses después del nacimiento de Delaney, atravesamos la mitad del estado para una visita de investigación de múltiples días en el Children's Hospital de la University of Virginia en Charlottesville.

A Shannon la vieron múltiples especialistas, mientras que Denise hacía lo mejor para cuidar de nuestra recién nacida. Los médicos estaban preocupados, pero no se explicaban los síntomas de Shannon. Precisamente cuando mi suegra llegó para ayudar a Denise para que yo pudiera volver a casa por un acontecimiento de la iglesia, los médicos enviaron a Shannon a que le hicieran una IRM. Era como la medianoche de esa misma noche, y yo acababa de limpiar el jardín después de nuestra fogata anual de toda la iglesia, cuando oí el crujido de llantas en la entrada de nuestra casa. Mi suegra pudo acomodar a Shannon y a Delaney en sus cunas mientras mi esposa, con lágrimas, me explicaba lo que los doctores habían descubierto.

A Shannon le diagnosticaron *lisencefalia*, que significa literalmente "cerebro liso." La IRM reveló que el cerebro de Shannon no tenía las arrugas que tienen la mayoría de cerebros. Mi esposa explicó que hay un número de subcategorías para esta condición, pero ellos no sabían en cuál de ellas caía Shannon. Su prognosis no era buena. Le habían dicho a Denise que la mayoría de niños con lisencefalia pasa su corta vida en cunas, conectados a tubos que los alimentan y batallando con convulsiones, hasta que la muerte finalmente se los lleva.

Sentí que me exprimían sin poder hacer nada. Como esposo, no quería nada más que poder sanar la angustia de mi esposa. Como padre, no quería nada más que poder consolar y sanar a mi hija. Como hombre, lamentaba ser totalmente inútil. No había nada que pudiera hacer, más que abrazar a mi esposa mientras llorábamos juntos esa noche oscura.

Como esposo, no quería nada más que poder sanar la angustia de mi esposa. Como padre, no quería nada más que poder consolar y sanar a mi hija. Como hombre, lamentaba ser totalmente inútil. No había nada que pudiera hacer, más que abrazar a mi esposa mientras llorábamos juntos esa noche oscura.

A la mañana siguiente hubo más conversaciones. Hablamos con nuestro médico de familia. Hablamos con los ancianos de nuestra iglesia. Hablamos mutuamente. Luego llamamos a mis padres. Logré contener las lágrimas lo suficiente como para darles toda la información que teníamos. Mis dos padres me hablaron tiernamente. Pude oír el dolor en sus voces. Finalmente, mi padre me preguntó:

—Hijo, ¿cómo estás? ¿Cómo estás resistiendo esto?

Sonreí por la ironía y le respondí.

—Papá —le dije—, he estado preparándome para este momento toda mi vida. No hay fe en el planeta que afirme más sólidamente la soberanía de Dios que la fe cristiana. Sabemos que esto no tomó a Dios por sorpresa. Sabemos que Shannon, Denise y yo descansamos en sus manos amorosas. Por su gracia y su poder, podremos resistirlo.

Colgué el teléfono y me consideré un tipo muy cimentado teológicamente, por ver la mano de la Providencia en todo esto y por creer que Dios nos bendeciría con la fortaleza para soportar. Como siempre es el caso cuando pienso bien de mí mismo, no podía estar más equivocado. Dios no nos sostuvo a mí ni a mi familia en medio de toda esta gran dificultad. Ni siquiera era cierto que él hubiera decretado esa circunstancia tan difícil. Lo que llegamos a descubrir fue algo mucho más profundo, algo mucho más asombroso, mucho más infundido por el evangelio. Shannon fue, al igual que Darby, Campbell, Delaney y todos los niños que vendrían después, como él lo había prometido, una bendición profunda, un regalo, una fuente de alegría inmensurable. Ni Shannon ni su enfermedad fueron una carga para soportar, sino una bendición para recibir. El Dios de las sorpresas, que no es un león domado, nos derramó su amor a través de su sierva Shannon.

Es muy cierto que nuestra vida se complicó más de lo que tal vez habríamos esperado. Leímos todo lo que pudimos encontrar acerca de esta condición extraña. Se hicieron más pruebas. Tuvimos la ayuda de terapeutas. Shannon comenzó a adquirir lentamente algunas habilidades, aunque siempre tarde. Comenzó a gatear. Comenzó a extender sus manos para agarrar los juguetes con los que quería jugar. Comenzó a recoger pasas con sus propios dedos. Aprendió a sostener su propio biberón.

Comenzamos a observar una gran brecha entre lo que nos dijeron que esperáramos y lo que ella podía hacer. La llamamos "la niña lisencefálica campeona mundial." Daba señales de que nos entendía; sonreía cuando le preguntábamos: "¿Quieres tu biberón?" Aproximadamente cuando cumplió dos años, hasta comenzó a hacer algunos ruidos guturales, que frecuentemente estaban mezclados con sus frecuentes ataques de risa. Trabajamos con ella, la llevamos con expertos, le dimos sus suplementos alimenticios.

Por supuesto que hubo momentos de tristeza. Era difícil ver a la hermana menor de Shannon superarla en sus habilidades. Dos años después, nació Erin Claire y dieciocho meses después fuimos bendecidos con Maili. Con cada niño veíamos este maravilloso cambio de relación. Shannon estaba interesada y protegía tremendamente a los pequeños bebés que Dios había enviado a nuestra familia. A medida que los bebés comenzaban a caminar, Shannon los recibía como compañeros; jugaba con ellos y compartía con ellos. A medida que se convertían en niños pequeños, Shannon comenzaba a buscarlos para que la protegieran y la ayudaran. Reflexionábamos y nos condolíamos sobre la dura certeza de que ella nunca se casaría, de que probablemente nunca haría una profesión verbal de fe en Cristo, ni participaría de los elementos de la Santa Cena.

Sin embargo, dado que como familia somos muy apasionados en cuanto a la bendición de los pequeños bebés, ¿cuán grandioso era que tuviéramos a esta pequeña bebé con nosotros por años de años? Alrededor del tiempo en que Shannon cumplió cuatro años, estimamos que sus habilidades eran apenas las de un niño de dos años. Fue entonces cuando sucedió. Estaba en su cuna, riéndose y saltando, cuando entré a su habitación. Gritó, tan claro como una campana: "¡Yaabiii!" No pretendo saberlo con seguridad. Seguramente no podría probarlo en una corte, pero mi corazón lo sabía: acababa de llamarme papi.

Logró gritar ese pequeño milagro unas cuantas veces más en el año siguiente. Si la comida era lo suficientemente pegajosa, como la avena, aprendió a meterse unas cuantas cucharadas en la boca. Continuamos alegrándonos por su progreso y deleitándonos en su alegría. Se ganó su apodo de Princesa Feliz. Nuestras investigaciones revelaron que mucha de la dificultad, mucho del reto con el que los niños lisencefálicos se enfrentan es resultado de las convulsiones. También nos enteramos de que los niños lisencefálicos que logran llegar a los cinco años sin convulsiones probablemente no las desarrollen.

Era domingo de Resurrección, exactamente unos meses después del quinto cumpleaños de Shannon. Nuestra familia había planeado pasar la tarde con amigos y nos estábamos preparando para salir por la puerta. Shannon estaba en su habitación y de repente se desmayó. Cuando daba un paso al atravesar la habitación, todo su cuerpo se puso flácido instantáneamente. Cayó como una muñeca de trapo y se quedó inmóvil exactamente donde se desmayó. La levanté y la sostuve, por lo menos aliviado de poder sentir su respiración. Le hablé, tratando de despertarla, pero sin éxito. Denise llamó al doctor, quien confirmó lo que temíamos: una convulsión. Qué circunstancia más extraña, que el día en que celebrábamos la victoria de nuestro Señor sobre la muerte, teníamos un poderoso recordatorio de que la muerte todavía acechaba nuestro hogar.

A Shannon le dieron medicina para las convulsiones que por lo menos parecía contener los espasmos. Ella siguió sufriendo pequeñas convulsiones que frecuentemente la dejaban flácida a la mitad de un paso, pero se recuperaba antes de que su pie tocara tierra. Las más dramáticas eran algo inusuales. Entramos a una nueva normalidad y dimos gracias una vez más por tenerla en nuestra familia.

Un padre siente que es el protector de sus hijos. Ese instinto protector se acrecienta, especialmente con las hijas, pero nunca es más fuerte que con una hija frágil y necesitada. Claro que mi querida esposa cuidaba y vigilaba a Shannon. Los hermanos de Shannon, desde el principio, han sido los mismos modelos de compasión y de generosidad. A medida que recibíamos nuevos bebés en nuestra casa y Shannon crecía más y aumentaba de peso, mucho de su cuidado, para alegría mía, me tocó a mí. Yo le doy de comer la mayoría de sus comidas. Me he sentido bendecido al poder darle sus baños.

Ese bendecido tiempo que pasamos juntos, así como el primer encuentro con la realidad de que no estaría con nosotros siempre, finalmente penetró en mi ignorancia y orgullo. En la providencia de Dios, habíamos planificado un viaje familiar a Knoxville, Tennessee, a dos horas de nuestra casa. Shannon tenía una cita con un especialista en el hospital infantil de allí y el resto de la familia iba a visitar amigos de la familia. Nos faltaban como diez minutos para llegar al hospital cuando Shannon de repente comenzó a temblar en su silla. Su cuerpo estaba agarrotado y comenzó a vomitar violentamente. Puso los ojos en blanco. No podía pensar en nada más que hacer que en acelerar al máximo. Cuando llegamos al hospital, la convulsión y los vómitos habían terminado, pero todo el cuerpo de Shannon temblaba. La saqué de la camioneta y la cargué en la acera, meciéndola de atrás para adelante, a medida que mis lágrimas se mezclaban con mis oraciones. *Por favor, Señor, ahora no. Todavía no. Por favor no nos la quites. La necesitamos.*

Shannon sobrevivió y solo necesitó de un leve cambio de medicinas, pero en ese momento llegué a entender la clave de la verdadera dificultad. Cuidar de Shannon es una alegría. Solo estar con ella es una alegría. El crédito que los demás nos dan a mi esposa y a mí por nuestra fe o por nuestro altruismo es literalmente risible. Shannon no es una molestia que haya que soportar; es una bendición que disfrutar. Sin embargo, hay una dificultad. No es que ahora, a los catorce años, todavía haya que cambiarle el pañal. No es el costo de las medicinas y de los expertos. La dificultad ni siquiera es verla sufrir por una convulsión. Más bien, la traba es lo que nos recuerda la convulsión, a un nivel tan profundo: es casi seguro que Shannon va a irse a casa, a su recompensa, antes que el resto de nosotros.

En la acera me di cuenta de que la medida de sus días no está determinada por su fragilidad. No registramos gráficamente su deterioro ni calculamos cuándo es probable que ella se vaya. Más bien, llegué a entender que nuestro Señor, nuestro Padre celestial, la llamará a casa cuando ella haya terminado con nosotros. Ella es un regalo y una alegría. Sin embargo, su mayor regalo es lo que nos enseña. Ella no es una débil persona a la que yo tengo que atender sino más bien una heroína a la que estoy llamado a imitar. Shannon es superior a mí espiritualmente. No anhelo que ella adquiera una habilidad determinada ni que alcance cierto punto de referencia. Más bien, ella es precisamente lo que me gustaría ser cuando crezca.

Shannon proporciona un recordatorio diario y poderoso de lo que se nos ha llamado a ser. Ella es la niña que Jesús toma en sus brazos para que nos sirva de ejemplo. Ella es el cuadro genuino de la confianza. Su paso no es firme, pero solo tengo que mostrarle mi mano y ella la toma, me mira con fe y luego mira al frente, lista y dispuesta a caminar adonde yo la lleve. Sin embargo, su confianza en mí va más allá de dar simplemente un paseo. No es raro, en absoluto, que adonde yo la llevo ella preferiría no estar. A través de innumerables procedimientos médicos, a través de inyecciones y pruebas de sangre, ella va adonde yo la llevo. Lo hace sin temor, no porque no sienta dolor, sino porque confía en mí. De un modo u otro, ella sabe que si estoy con ella, entonces por lo que va a pasar será por su bien, sin importar cuánto pueda dolerle.

¿Confío en mi Padre celestial con esa fe? ¿Estoy listo para

seguirlo a donde él pueda llevarme? ¿Tengo la confianza de que él siempre está conmigo y que todo lo que traiga a mi vida será para mi bien? La lección no es simplemente que Shannon confía en su padre terrenal más de lo que yo confío en mi Padre celestial. La lección es que ella confía más en su padre débil y pecador de lo que yo confío en mi Padre santo y omnipotente. Ella tiene toda la razón para dudar de mí. Yo, por otro lado, no tengo razón en absoluto para dudar de mi Padre. Cuando ella toma mi mano, cuando comenzamos a caminar juntos, ella me habla: suavemente, cariñosamente, reprendiéndome sin palabras. *Confío en ti, papi. ¿No puedes tú confiar en nuestro Padre celestial?*

Shannon, a diferencia de sus hermanos, no puede correr a saludarme cuando llego a casa después del trabajo. No puede mostrarme los dibujos que ha hecho ni el sapo que logró capturar. No puede contarme de la calificación perfecta que obtuvo en su examen de matemáticas. Sin embargo, aun así ella está muy ansiosa por complacer, al igual que todos los niños. Sé esto en gran parte por las sonrisas que aumentan. Ella y yo repetimos este patrón casi todos los días. Cuando llego a levantarla en la mañana, o cuando le llevo la cena que le voy a dar, cuando, de alguna u otra manera, nos juntamos, tendemos a tener este maravilloso intercambio: "Shannon," le digo, "papi está aquí. ¿Estás lista para cenar algo?" Shannon ve mi sonrisa y casi hace un resoplido con su nariz, antes de intercambiar una sonrisa. Es una sonrisa avispada, como que compartimos un secreto. Claro, eso hace que mi sonrisa se amplíe. Al ver que mi sonrisa se extiende, Shannon me muestra entonces todos sus dientes y sus ojos prácticamente desaparecen, a medida que su sonrisa envuelve toda su cara.

Aquí, también, es demasiado fácil ver lo que la complace a ella; es lo que me complace a mí. Su deleite es inspirar una sonrisa en mí y luego hacer que crezca. Ella sabe lo que significa para mí, lo cual a cambio la complace. Ni por un momento dudo de su deseo de hacerme feliz. Por otro lado, tengo una duda constante en cuanto a mi nivel de pasión para complacer a mi Padre celestial. ¿Me deleito en darle deleite? ¿Es mi placer su placer? ¿Comparto alguna vez con él estas sonrisas que aumentan? Como con el asunto de la confianza, Shannon tiene muchas menos razones para agradarme de las que yo tengo para agradar a Dios. Su padre es un pecador. Mi Padre en el cielo es perfecto. Sin embargo, a pesar de su perfección, él se deleita en mí, un ser contundentemente imperfecto. Aquí, nuevamente, Shannon es superior a mí espiritualmente; es mi maestra, mi modelo.

Como no puedo estar con ella siempre, felizmente no soy, bajo ningún concepto, la única causa del deleite de Shannon. Su apodo es Princesa Feliz porque no necesita excusa alguna en particular para estar alegre. En efecto, su alegría fluye directamente de su constante sentido de asombro. Los que somos adultos hemos llegado a ser cínicos. Nuestros ojos pasan por alto los milagros diarios que ocurren a nuestro alrededor. Shannon vive en un constante estado de asombro porque recibe la gracia y la belleza de Dios por lo que son y las ve dondequiera que estén, que es en todas partes.

Hasta hace poco, cuando su tamaño y las convulsiones

lo hicieron problemático, tenía la costumbre de llevar a Shannon conmigo para comprar comestibles. Es una de las tareas que adquirí hace mucho tiempo, cuando nuestra familia comenzó a crecer mucho más allá de lo normal. Shannon tenía muchos amigos en nuestra tienda local. Se deleitaban no solo con su sonrisa contagiosa, sino también con su entusiasmo absolutamente obvio. A Shannon no le agrada nada tanto como los globos de aire grandes y coloridos. Los globos son suficientes para hacerla gritar. Nuestra tienda tenía globos de alguna u otra clase al final de casi cada pasillo. Mientras yo empujaba el cochecito de una sección a otra, Shannon extendía sus manos, se estiraba y se reía con la simple presencia de los globos. Ella no había llegado por galletas ni pasteles, dulces ni cereales cubiertos de azúcar. Ella había llegado por los globos. Una vez que comenzábamos a pagar para marcharnos, las buenas personas de allí regularmente le daban uno. Shannon envolvía una mano alrededor de la misma base del globo, enterraba el otro dedo pulgar en su boca y pacíficamente sostenía el globo inmediatamente enfrente de su rostro todo el camino a casa.

Sin embargo, hablando estrictamente, los globos no son necesarios. Como la bebé Lolita de la tira cómica de "Lalo y Lola," Shannon ha desarrollado una aventura amorosa con los rayos de sol. A medida que los rayos de luz descienden a su cuna e iluminan las partículas danzantes de polvo, ella tiene la alegre costumbre de rascar la sábana y de reírse. Le da golpecitos al espacio cálido donde da el sol, divertida y encantada con la exhibición de luces de Dios.

Como comentario más sofisticado, la música la llena de alegría, pero aparentemente solo la música en vivo. Ponga un CD o la radio del auto y a ella no le interesa. Sin embargo, si alguien toca el piano ella se sienta en el suelo y escucha. Cuando la familia canta junta en adoración familiar, ella, de nuevo, se llena de alegría. Todos estamos más conscientes de la bondad asombrosa de Dios hacia nosotros cuando la cara de Shannon resplandece cada vez que cantamos juntos "Sublime Gracia."

Precisamente porque pensamos que tenemos que superar este simple gozo es que Jesús nos llamó a ser como niños. Es mejor ver los globos como gotitas de alegría que helio atrapado dentro de plástico. Es mejor ver un rayo de sol como una brizna de césped celestial que como electrones que viajan a 300.000 kilómetros por segundo. Es mejor oír las voces de ángeles en una familia que canta desafinadamente que oír simplemente a una familia que desafina cuando canta. Su perspectiva es la correcta, la que debo aprender de ella.

Las bendiciones que disfrutamos al tener a Shannon en nuestra vida, las lecciones que aprendemos al sentarnos a sus pies, no evitan que veamos con esperanza aquel día en que ella será sanada. Cuando la acababan de diagnosticar, desde una perspectiva, Denise y yo no sabíamos si ella podría caminar. Desde otra perspectiva, no solo sabíamos que caminaría sino que bailaría. Esperábamos ese día cuando, en la gran fiesta de bodas, el único Hombre que la ama más que nosotros bailará con ella.

Sin embargo, en su gracia no se nos deja simplemente

con la esperanza y a la espera. A cambio, Dios ha sido lo suficientemente misericordioso para permitirnos tener un anticipo del futuro que nos espera. Porque no somos, como los sofisticados maduros podríamos pensar, gente limitada por el tiempo. La obra de Cristo nos permite viajar a través de la historia y dar un salto hacia la consumación futura, a la plenitud de su reino.

Por más de una década escribí una columna para la revista *Tabletalk* titulada "Coram Deo," que significa "ante el rostro de Dios" en latín. Mi meta con cada columna era recordar a mis lectores que vivimos todos nuestros días en la presencia de Dios. Sin embargo, esa realidad no deshace la realidad que cuando nos unimos para adoración colectiva, en un sentido, nos acercamos más a él. Eso es especialmente cierto cuando llegamos a la Santa Cena. El templo de Jerusalén reflejaba esta realidad. El atrio exterior, el Atrio de los Gentiles, estaba diseñado específicamente para comunicar la presencia de Dios con su pueblo. Toda persona de todo sitio tenía acceso a esta área, que representaba tanto la presencia de Dios como de la humanidad en lo más amplio del mundo. El Lugar Santo, sin embargo, era esa zona del templo que estaba reservada para los creyentes, aquellos en pacto con Dios. Esto refleja nuestros propios lugares de adoración, donde el pueblo de Dios se reúne para renovar el pacto con él. Al centro del Templo estaba el Lugar Santísimo. Allí, solo una vez al año un hombre, el sumo sacerdote, podía entrar. El velo que separaba al Lugar Santo del Lugar Santísimo se rompió en dos, de arriba hacia abajo, con la muerte de Cristo en la cruz.

Cuando nos acercamos a Dios en y a través de la Santa Cena llegamos, por así decirlo, al Lugar Santísimo. Piensa en lo que Pablo dice:

> Ustedes no se han acercado a una montaña que se pueda tocar, a un lugar que arde en llamas, un lugar de oscuridad y tinieblas, rodeado por un torbellino, como les sucedió a los israelitas cuando llegaron al monte Sinaí. Ellos oyeron un imponente toque de trompeta y una voz tan temible que le suplicaron a Dios que dejara de hablar. Retrocedieron tambaleándose bajo el mandato de Dios: "Si tan solo un animal toca la montaña, deberá morir apedreado". Incluso Moisés se asustó tanto de lo que vio, que dijo: "Estoy temblando de miedo".
> HEBREOS 12:18-21

Se nos dice que allí es adonde *no* iremos. Sinaí era el símbolo de la realidad, pero en términos bíblicos, la realidad siempre es más real, más intensa, que el símbolo. Se nos lleva a un lugar mucho más aterrorizante que el monte Sinaí.

> En cambio, ustedes han llegado al monte Sión, a la ciudad del Dios viviente, a la Jerusalén celestial, y a incontables miles de ángeles que se han reunido llenos de gozo. Ustedes han llegado a la congregación de los primogénitos de Dios, cuyos nombres están escritos en el cielo. Ustedes han llegado a Dios

mismo, quien es el juez sobre todas las cosas.

Ustedes han llegado a los espíritus de los justos, que están en el cielo y que ya han sido perfeccionados.

Ustedes han llegado a Jesús, el mediador del nuevo pacto entre Dios y la gente, y también a la sangre rociada, que habla de perdón en lugar de clamar por venganza como la sangre de Abel.

HEBREOS 12:22-24

Cuando llegamos a la Mesa del Señor, no lo hacemos en el suroeste de Virginia ni en Orlando, Florida. No vamos a donde sea que pudiéramos estar. Más bien todos nos elevamos, nuestros corazones se transportan al verdadero y eterno monte Sión. Atravesamos dimensiones para poder reunirnos con las almas de los que han sido hechos perfectos y con Jesús, el Mediador del nuevo pacto.

Sin embargo, mi propia perspectiva es que en la Santa Cena entramos no solo a un lugar distinto sino también a un tiempo distinto. Tenemos que reflexionar no solo en *dónde* estamos sino *en qué tiempo* estamos. Ahora, sin lugar a dudas, cuando vamos a la mesa, es correcto y adecuado recordar qué nos llevó allí. Hacemos bien al recordar que el cuerpo que estamos comiendo fue quebrantado por nuestros propios pecados, la sangre se derramó por nuestros propios pecados. Debemos recordar ese día en el que Jesús fue crucificado, recordar nuestro lugar allí, que le escupimos, que clavamos los clavos en sus manos.

Sin embargo, no lo estamos crucificando otra vez. Eso

se hizo una vez por todas. Además, no debemos mirar atrás solamente sino también adelantarnos en el tiempo. Es decir, entramos a la plenitud del reino. Recuerda que toda la historia es el resultado de la primera guerra, la batalla entre la simiente de la mujer y la simiente de la serpiente. Cuando Adán y Eva pecaron, Dios le declaró la guerra a la serpiente y prometió que llegaría el día en que su cabeza sería aplastada por el talón herido del Hijo. La historia es la culminación de esa batalla, el cumplimiento pleno de esa promesa.

En la Santa Cena dejamos nuestras armas. No llegamos en un contexto de guerra sino de paz o descanso. Cuando llegamos, nuestro Señor ha preparado una mesa para nosotros en presencia de nuestros enemigos (ver Salmos 23:5). Después de todo, ¿qué es la plenitud del reino? ¿No es la gloria que su paz se declare en nosotros, lo cual él hace en la Santa Cena? (Este también era el patrón del sistema sacrificial del Antiguo Testamento. Era cierto que el animal representaba a un sustituto por los pecados del que hacía la ofrenda. No obstante, el Señor perdonador expresó su perdón y bendición al compartir una comida de pacto con el arrepentido.) Entonces, ¿no es la plenitud del reino el acercarnos a nuestro Señor? ¿No es la fiesta de bodas del Cordero un banquete con Jesús? En la Santa Cena entramos al cielo y a la eternidad.

Es precisamente por esta razón que no tenemos que esperar para ver sanada a nuestra preciosa hijita. Ha sido costumbre en nuestra iglesia celebrar la Santa Cena cada semana. Fila por fila, las familias vienen al frente y se arrodillan para recibir el pan y el vino. Cuando se tiene ocho hijos de edades, fortalezas y habilidades distintas, hay miles de distintas variantes sobre cómo se puede hacer esto. La hija mayor puede cargar al bebé, mientras mamá dirige a los preescolares. El hijo mayor puede ayudar a mamá en el pasillo. No tenemos reglas establecidas para llegar allí, solo una: papi lleva a Shannon.

Siempre llevo a mi pequeña hija a la Santa Cena, aunque ella no come. La llevo con total confianza de que ella está bien allí. Cada vez, a medida que nos arrodillamos, susurro al oído de mi hijita dos verdades del evangelio. Le dijo: "Shannon, Jesús está aquí. Jesús está aquí, cariño, y Jesús te ama." Debido a que creo que en la eternidad ya hemos entrado a la consumación del reino, creo, a la vez, que ella está sana. Por lo tanto, creo que ella puede entender perfectamente lo que le estoy diciendo. Estoy tan persuadido de esta verdad que me he encontrado haciendo una oración poco usual. Cuando llego a la mesa, esto es lo que oro:

Señor, te agradezco por habernos traído al hogar celestial y a la eternidad. Mis ojos ven el mismo edificio que veo todos los otros días de la semana. Mi reloj interno registra que es un domingo por la mañana. Pero estas cosas pueden equivocarse y lo hacen. Tú nos has elevado y te agradezco. Te agradezco por tu declaración de paz sobre nosotros, de que nos amas constantemente. Te agradezco porque aquí y ahora tú has sanado a mi hijita. Sé, Señor, que cuando le digo estas palabras a ella, tú estás aquí y que tú la amas; sé que ella es muy capaz de voltearse hacia mí y de decirme con la mejor claridad y alegría: "Lo sé, papi. Siempre lo he sabido." Aunque sé que tú la has hecho capaz de hacer esto, mi oración, Señor, es que me des este honor, esta bendición. Por favor no la dejes que me diga estas palabras, para que yo pueda ser bendecido en poder creerlas de cualquier manera. Mantén sus labios sanados cerrados para que yo pueda caminar por fe.

Cuando Jesús oró en Getsemaní: "Sin embargo, quiero que se haga tu voluntad, no la mía," oró como un niño sabio lo haría. Jesús no dijo nada más que: "Tú sabes más, papi, y confío en ti."

Un niño sabe cómo orar. Un niño entiende de manera instintiva que un padre tiene más conocimiento. Cuando Jesús oró en Getsemaní, "Sin embargo, quiero que se haga tu voluntad, no la mía" (Lucas 22:42), oró como un niño sabio lo haría. Jesús no dijo nada más que: "Tú sabes más, papi, y confío en ti." Busco exhibir, por su gracia, ese mismo espíritu en esa oración. Me he dado cuenta de que Dios sabe exactamente cómo responder mi oración.

Es muy cierto que nunca ha habido un domingo en que Shannon abriera su boca y me dijera esas palabras. Ella no abre la boca sino solo para sonreír. Sin embargo, eso no significa que el Señor la haya dejado muda. No, Shannon me habla cada vez que llegamos a la Santa Cena. O, más bien, alguien habla a través de ella. Porque cuando miro a mi hijita a los ojos allí, mi corazón oye estas palabras: *Efectivamente estoy aquí, R. C., y sí amo a Shannon, pero quiero que sepas que también te amo a ti.*

Cada semana el Señor nos habla a los dos, y al igual que Pedro, Santiago y Juan en el monte de la Transfiguración, no queremos nada más que quedarnos en ese momento de tras-cendencia, construir enramadas y alegrarnos en la revelación de la gloria de Dios. Saboreamos el cielo y ansiamos que-darnos allí. Sin embargo, nuestro Señor nos llama a volver a la batalla, a volver al aquí y al ahora, a fin de poder trabajar fielmente para unir el cielo con la tierra, el tiempo con la eternidad. Su promesa, a medida que nos llama a descender del monte Sión, es que podemos volver a celebrar con él.

Shannon no es solo mi hijita. Ella también es mi her-mana mayor. Ella es la que camina más de cerca con nuestro común Hermano mayor. Ella me enseña quién es él y cuán tiernamente nos ama a los dos. Ella es la que me enseña a obedecerlo de mejor manera, al confiar en su gracia, al mara-villarme por su poder y al alegrarme en su amor. Ella es la que me enseña a ser como un niño, a ser lo que nuestro Padre nos llama a que seamos. A veces me pregunto si ella está más cerca del cielo, si es más capaz de ver a través del velo, porque es más joven que nosotros o porque, en otro sentido, es más madura ya que está más cerca de su partida a casa que el resto de nosotros. Quizás es ambas cosas. De cualquier manera, Shannon es superior a mí espiritualmente. Espero ser como ella un día, cuando yo mengüe.

9

EL LLAMADO A LA PRESENCIA DE DIOS

David danzó ante el SEÑOR con todas sus fuerzas.

2 SAMUEL 6:14

EL LLAMADO DE JESÚS a ser como niños no es simplemente a cultivar las características infantiles que hemos discutido en capítulos anteriores. Sin duda esas características como el asombro, la confianza y la alegría son parte del cuadro, pero llegar a ser como niños es mucho más. Jesús nos llama a actuar, aquí y ahora, con la forma de pensar y las emociones que experimentaremos a cabalidad cuando entremos a la gloria de la presencia de Dios en la eternidad. Para hacerlo, tenemos que tener una comprensión adecuada de quién es Dios. Demasiados de nosotros nos acercamos a él con nuestras propias nociones sin analizar acerca de su carácter.

Vivimos en una época en que el carácter de Dios se ha

eclipsado, no solo en el mundo sino también en la iglesia. Si Dios es tomado en cuenta, se lo presenta como manso y benigno. Frecuentemente hemos perdido cualquier sentido de la trascendencia de Dios ya que, con el supuesto interés de atraer a los perdidos, hemos limado sus "bordes ásperos" y a cambio hemos creado un ídolo con nuestras propias manos. Le hemos quitado las garras a Dios y hemos silenciado su rugido, con lo cual hemos creado un león "domesticado." El mundo y la iglesia deben despertar, recordar el peso, la gloria de Dios. La pasión de mi padre, con el paso de los años, ha sido despertar a tanta gente como sea posible a la santidad de Dios en toda su plenitud.

Siempre es difícil expresar qué es la santidad de Dios, porque en realidad no hay nada en la tierra que se pueda comparar con Dios y con su gloria. Por eso es que mi padre dedicó toda su vida a esa meta. La descripción que hizo C. S. Lewis de Aslan, en las Crónicas de Narnia, me ha parecido útil para imaginar lo distinto que es Dios de lo que experimento aquí en Florida, en el siglo XXI. En esa serie de libros de ficción, Lewis ilustra la "alteridad" de Aslan de maneras que los términos teológicos abstractos no pueden expresar. Cuando a los niños Pevensie se les presenta por primera vez la idea de Aslan, el señor Castor está ansioso por señalarles que el león no es manso en absoluto. Sin embargo, todo lo que tenemos que juzgar en ese momento de la historia son las palabras susurradas de este fiel animal del bosque. Posteriormente, en *La silla de plata*, Jill Pole, a quien su amigo Eustaquio Scrubb lleva a Narnia, conoce a Aslan con muy poca advertencia.

Eustaquio se ha caído por la orilla del despeñadero, como resultado de la tontería de Jill. Sin embargo, antes de caer mortalmente, un león salta a la orilla del despeñadero y sopla con tanta fuerza que el amigo de Jill es arrastrado lejos, fuera de vista. Entonces el león se voltea y camina hacia el bosque.

Jill no está segura de qué hacer, pero pronto la distrae una terrible sed. Desde el bosque puede oír el susurro de un arroyo que podría proveerle agua para beber, pero ¿qué pasó con el león? A medida que la desesperación de Jill por beber agua aumenta, comienza a dirigirse al arroyo, y así conoce a Aslan:

Se quedó tan inmóvil como si se hubiera convertido en piedra, boquiabierta. Tenía una buena razón para ello; justo en aquel lado del arroyo estaba tumbado el león.

Estaba echado con la cabeza erguida y las dos patas delanteras extendidas ante él, igual que los leones de Trafalgar Square en Londres, y la niña supo de inmediato que el animal la había visto, ya que sus ojos miraron directamente a los suyos durante un instante y luego se desviaron; como si la conociera bien y no le tuviera desmasiada estima. . . .

—¿No tienes sed? —preguntó el león.

—Me muero de sed —respondió Jill.

—Entonces bebe. . . .

—¿Me prometerás no . . . no hacerme nada, si me acerco? —preguntó.

—Yo no hago promesas —respondió el león.

Solo con ver, con mirar, con oír, Jill sabe que el temor es la respuesta apropiada para el león. Él, por otro lado, aparte de invitarla a beber, no hace nada para apaciguar sus temores. No ronronea como un gatito ni accede a su petición de que no haga nada para hacerle daño. Sin embargo, su desesperación finalmente la hace hacerle, no se nos dice si por temor o por esperanza, una pregunta más directa: "¿Comes chicas?"

Aquí está el lugar y el tiempo para que Aslan le ponga fin a la farsa. Tendría que reírse de los temores de Jill y asegurarle que no tiene en absoluto nada que temer, pero la pregunta ridícula que le ha hecho revela una contundente falta de comprensión sobre quién es precisamente Aslan.

Aslan la corrige, pero no de la manera que lo esperaríamos: "'Me he tragado chicas, chicos, mujeres, hombres, reyes, emperadores, ciudades y reinos,' declaró él. Aunque no lo dijo como si presumiera de ello, lo sintiera o estuviera enojado. Sencillamente lo afirmó."

Aquí, de nuevo, en algo tan "seguro" como una historia infantil, Lewis expresa a través del personaje de Aslan cómo sería para nosotros la alteridad de Dios, la autoridad particular y trascendente del Señor del cielo y de la tierra. Este es Yahveh, "Yo Soy EL QUE SOY," encarnado en Narnia. Él no es un león domado; él es el Dios de lo inesperado. Sus caminos no son nuestros caminos; sus pensamientos no son nuestros pensamientos.

Dios comunica esa misma alteridad a través de su pueblo, y por medio de eso, acerca a sus hijos a él. Aunque como cristianos se nos llama a ser santos, a estar apartados, también se nos llama a no esconder nuestra luz debajo de una canasta y a practicar nuestra fe en el mundo. En el pequeño pueblo de Abingdon, Virginia, los miembros de Saint Peter Church, donde trabajé por muchos años, hicieron precisamente eso. El pueblo era el hogar de una pequeña cafetería que nuestros miembros rápidamente adoptaron como un lugar de reunión habitual. Los amigos se reunían allí. Los ancianos de la iglesia frecuentemente se reunían allí. El pastor principal trataba la cafetería como su oficina.

Una joven madre soltera atendía en el café. Aunque siempre ofrecía el servicio con una sonrisa, su vida no había sido fácil. Aunque no era creyente, pronto le intrigó ver a los miembros de la iglesia. Ella buscó involucrarnos en conversación, y nuestro pastor y otros de la iglesia hicieron lo mismo con ella. Finalmente, nuestro pastor invitó a cenar a esta joven mujer al hogar de su familia. Allí, el pastor, su esposa y sus cinco hijos hicieron lo que siempre hacían. Disfrutaron una cena típicamente estupenda y después de la cena la familia enfocó su atención en un tiempo de adoración.

No hubo ninguna conclusión forzada ni previamente preparada para la adoración esa noche, ningún intento de provocar en su invitada una decisión para seguir a Cristo. De hecho, no hubo conclusión en absoluto. A las conversaciones informales en la cafetería les siguió otra invitación informal para cenar. En ese punto, la joven señora confesó lo que llamó la "excentricidad" de lo que había presenciado entre nuestros miembros y en el hogar del pastor. Todavía no hubo conclusión. Fue en la tercera cena que la joven señora parecía determinada a abrirse paso a empujones al reino: preguntó acerca de Jesús, de su muerte, de los pecados que ella había cometido y de la gracia de Jesús.

Y Dios la llevó al reino. La iglesia la recibió afectuosamente. Comenzó una vida de oración activa y en unos cuantos meses vimos la respuesta a una de esas oraciones, ya que un joven soltero piadoso de la iglesia comenzó a expresar su interés en ella. Unos cuantos meses después los dos se casaron. Cuando nos reunimos para esa boda, bailamos. Esa congregación es dada al baile —el *Virginia reel*, la polca de Patty-Cake y otros bailes en grupo—, y mi costumbre fue recordarle a la congregación por qué hacemos esto. Nuestro bailar juntos, esposos y esposas, niños y abuelos, está diseñado para expresar al mundo que mira nuestra gratitud por la gracia de Dios. Está diseñado para recibir a los extraños. Cuánto más bailamos para celebrar que esta extraña —esta joven— había sido llevada al reino. También bailamos para acordarnos de la gracia de Dios. Sin embargo, lo más importante de todo es que bailamos para darle placer a Dios. Recordamos que nada deleita más a nuestro Padre que nuestro gozoso baile de gratitud ante él. Allí estábamos experimentando la gran paradoja: Dios, que está apartado en su santidad, se acerca a nosotros. Nos da vida y nos hace llegar a estar aparte, a ser distintos, a ser otros. Esa diferencia, o "alteridad," es frecuentemente el mismo poder que atrae a la gente. Todos somos Cenicientas, a quienes los poderes más allá de nuestro entendimiento nos han llevado al majestuoso baile de Dios, ¡y el reloj nunca marca las doce!

Bien puede ser la suprema gloria de la alteridad de Dios, la suprema expresión de su santidad, que el Dios al que servimos no es el Dios del ya sea/o, sino el Dios del tanto/como. Él puede vivir en esa paradoja. El diablo siempre tiene que jugar el juego de suma cero, porque solo puede trabajar con lo que existe. Dios, por otro lado, con su palabra da existencia a la realidad. Su plenitud nunca se agota. Las tres personas de la divinidad —Padre, Hijo y Espíritu Santo— conforman la esencia de la única divinidad. Él puede tomar la divinidad del Hijo y unirla con la humanidad del Nuevo Adán.

De la misma manera, este Dios que se sienta en los cielos, exaltado y elevado, cuyos caminos no son los nuestros, expresó su naturaleza de "estar apartado," en parte, al acercarse a nosotros de manera sorprendente. Lo que hace que Yahveh sea Yahveh y no un dios domado, frío y distante es que él es el Dios de Abraham, Isaac y Jacob. Tal vez lo más sorprendentemente trascendental acerca del Dios que adoramos es que a él le agrada inclinarse hacia nosotros, acercarse, conocernos, amarnos, caminar con nosotros y llamarnos por nombre.

Tal vez lo más sorprendentemente trascendental acerca del Dios que adoramos es que a él le agrada inclinarse hacia nosotros, acercarse, conocernos, amarnos, caminar con nosotros y llamarnos por nombre.

El mismo Aslan indomable, que rehúsa disipar los temores de Jill Pole, es descubierto en un bello momento de inmanencia en la primera de las historias, *El león, la bruja y el ropero*. En esta historia, Aslan, hijo del Emperador-de-Más-Allá-del-Mar, da su vida por otra persona. Edmundo Pevensie había dejado a su hermano y a sus hermanas y buscaba entregarlos a la Bruja Blanca a cambio de unos dulces, las *delicias turcas*. Esta acción de traición, esta caída en el pecado, entrega el alma de Edmundo a la bruja, pero Aslan ofrece tomar el lugar de Edmundo y sufrir por él. Con un deleite diabólico, la bruja ata a Aslan, le mete su puñal en el corazón y lo deja, aún atado, donde murió.

Sin embargo, como nuestra propia historia, la historia de Lewis no termina allí. Mientras que Lucía y Susana Pevensie lloran la muerte de Aslan, los ratones silvestres descienden al cuerpo de Aslan y comienzan a roer los lazos que lo atan.

Al fin, uno por uno, todos los cordeles estaban roídos de principio a fin. . . .

Susana y Lucía retiraron los restos de las cuerdas.

Sin las ataduras, Aslan parecía más él mismo. Cada minuto que pasaba, su rostro se veía más noble y, como la luz del día aumentaba, las niñas pudieron observarlo mejor. . . .

Definitivamente era de madrugada; la noche había quedado atrás.

—Tengo tanto frío —dijo Lucía.

—Yo también —dijo Susana—. Caminemos un poco. . . .

Para evitar el frío, las niñas caminaron de un lado para otro, entre el lugar donde yacía Aslan y el lado oriental de la cumbre de la colina, más veces de lo que pudieron contar. . . .

Se detuvieron por unos instantes y miraron hacia el mar y hacia Cair Paravel (que recién ahora podían descubrir). Poco a poco el rojo del cielo se transformó en dorado a todo lo largo de la línea en que el cielo y el mar se encuentran, y muy lentamente asomó el borde del sol. En ese momento las niñas eschucharon tras ellas un ruido estrepitoso . . . , un gran estallido . . . , un sonido ensordecedor, como si un gigante hubiera roto un vidrio gigante.

—¿Qué fue eso? —preguntó Lucía, apretando el brazo de su hermana.

—Me da miedo darme vuelta —dijo Susana—. Algo horrible sucede.

——¡Están haciéndole algo todavía peor a él! —dijo Lucía—. ¡Vamos!

Se dio vuelta y arrastró a Susana con ella.

Todo se veía tan diferente con la salida del sol —los colores y las sombras habían cambiado—, que por un momento no vieron lo que era importante. Pero pronto, sí: la Mesa de Piedra estaba partida en dos; una gran hendidura la cruzaba de un extremo a otro. Y allí no estaba Aslan. . . .

—Pero ¿quién hizo esto? —lloró Susana—. ¿Qué significa? ¿Será magia otra vez?

La magia más profunda había hecho que el lamento se convirtiera en baile cuando las niñas se dan cuenta de que Aslan está vivo otra vez, pero lo que no debemos pasar por alto es ese mismo espíritu de alegría del que llega a ser su compañero de baile:

—Niñas —dijo el León—, siento que la fuerza vuelve a mí. . . .

Permaneció inmóvil por unos instantes, sus ojos iluminados y sus extremidades palpitantes, y se azotó a sí mismo con su cola. Luego saltó muy alto sobre sus cabezas y aterrizó al otro lado de la Mesa. Riendo, aunque sin saber por qué, Lucía corrió para alcanzarlo. Aslan saltó otra vez y comenzó una loca cacería que las hizo correr, siempre tras él, alrededor de la colina una y mil veces. Tan pronto no les daba esperanzas de alcanzarlo como permitía que ellas casi agarraran su cola; pasaba veloz entre las niñas, las sacudía en el aire con sus fuertes, bellas y aterciopeladas manos o se detenía inesperadamente de manera que los tres rodaban felices y reían en una confusión de piel, brazos y piernas. Era una clase de juego y de saltos que nadie ha practicado jamás fuera de Narnia.

El gran Aslan, el león que es todo menos manso, retoza con las Hijas de Eva, inmerso en la maravilla de su propia resurrección. Su alegría no es austera sino que rebosa; no es seria sino vertiginosa. Aslan —una imagen del Hijo de Dios— juega al gato y al ratón con dos niñitas a las que ama.

Este arranque despreocupado de deleite es un reflejo de otro arranque similar, aunque este se capta en las páginas de las Escrituras y ofrece un ejemplo bíblico de cómo debemos deleitarnos en la presencia de Dios.

Los filisteos anteriormente habían capturado en batalla el arca del pacto, el símbolo físico de la presencia de Dios con su pueblo, y la habían colocado en su templo al dios Dagón. Después de que encuentran a los ídolos de Dagón postrados ante el arca, los filisteos se dan cuenta de que no les va bien y deciden devolver el arca al pueblo de Dios, que la recibe con gran gozo:

> David fue y llevó el arca de Dios de la casa de Obed-edom a la Ciudad de David con gran celebración. Cuando los hombres que llevaban el arca del SEÑOR dieron apenas seis pasos, David sacrificó un toro y un ternero engordado. Y David danzó ante el SEÑOR con todas sus fuerzas, vestido con una vestidura sacerdotal. David y todo el pueblo trasladaron el arca del SEÑOR entre gritos de alegría y toques de cuernos de carnero.
>
> 2 SAMUEL 6:12-15

Sin embargo, no todos en la casa de David comparten la alegría del rey. El cándido baile de gratitud de David atrae la atención de su esposa, y a ella no le agrada. "Entonces, cuando el arca del SEÑOR entraba a la Ciudad de David, Mical, hija de Saúl, se asomó por la ventana. Cuando vio que el rey David saltaba y danzaba ante el Señor, se llenó de desprecio hacia él" (v. 16).

Ese no fue un simple ataque de vergüenza por parte de Mical. Se nos dice que despreció a su propio esposo. ¿Por qué? Porque él olvidó su dignidad real. Olvidó su "lugar" en la cultura más amplia. Se olvidó, en su celebración, de la pompa y ceremonia de su cargo, y lo vio la única persona que nunca olvidaría algo así: su esposa, la hija del antiguo rey Saúl.

El padre del Hijo de David, el mismo David, se alegra como un niño, y no baila como a veces se nos anima a hacerlo, como si nadie lo viera, sino como si su Padre celestial lo estuviera observando. Y en efecto, él lo ve. Sin embargo, David pronto descubre que mientras que su Padre lo veía bailar y alegrarse, su esposa terrenal no estaba complacida: "Cuando David regresó a su hogar para bendecir a su propia familia, Mical, la hija de Saúl, salió a su encuentro y le dijo indignada: '¡Qué distinguido se veía hoy el rey de Israel, exhibiéndose descaradamente delante de las sirvientas tal como lo haría cualquier persona vulgar!'" (v. 20).

La falta de respeto de Mical hacia David, y la forma en que ella fracasa en recordar el cargo de él, pronto da lugar a que David le recuerde su posición (vv. 21-22):

David le replicó a Mical:
—¡Estaba danzando delante del Señor, quien me eligió por encima de tu padre y de su familia! Él me designó como el líder de Israel, el pueblo del Señor, y de este modo celebro delante de él. ¡Así es,

y estoy dispuesto a quedar en ridículo e incluso a ser
humillado ante mis propios ojos! Pero esas sirvientas
que mencionaste, ¡de seguro seguirán pensando que
soy distinguido!

David afirma sabiamente el decoro, la sabiduría de ser poco
digno ante el Señor; y para que no nos veamos tentados a
preguntarnos exactamente dónde está la solidaridad de Dios
en medio de esta riña doméstica, en el versículo siguiente se
nos dice: "Y Mical, la hija de Saúl, nunca tuvo hijos en toda
su vida" (v. 23).

El punto de este texto no es alguna noción romántica de
que siempre debemos llegar a la presencia del Señor informal-
mente. El punto no es argumentar que Dios se glorifica más
en nosotros cuando nos acercamos a él en nuestro estilo más
rebajado. Sin embargo, el texto sí nos recuerda que la gloria
de Dios, la trascendencia de Dios, no es un argumento en
contra —ni siquiera un contrapeso— de su alegría cuando
se acerca a nosotros. El Dios al que servimos juzgó la displi-
cencia de Uza, que cuando llevaron el arca a Jerusalén en un
carro de bueyes, extendió su mano (en contra de la orden
expresa de Dios) para estabilizar el arca cuando los bueyes
tropezaron. Dios hirió a Uza y murió instantáneamente (vv.
6-7). Sospecho que la esposa, los hijos y los padres de Uza
estaban muy familiarizados, no solo con lo que les ocurrió a
Nadab y a Abiú, hijos de Aarón que ofrecieron fuego extraño
y que murieron instantáneamente, sino también con la respuesta que Moisés le dio al angustiado Aarón:

Así que Moisés le dijo a Aarón: "Esto quiso decir el
SEÑOR cuando dijo:
'Demostraré mi santidad
  por medio de los que se acercan a mí.
Demostraré mi gloria
  ante todo el pueblo'".
Y Aarón guardó silencio.

LEVÍTICO 10:3

El hecho de que Dios juzga la falta de respeto de Uza, que
cometió el error atroz de pensar que el arca se profanaría con
el simple lodo, y que las manos contaminadas de un pecador
podrían protegerla, no deshace la verdad de que Dios, a cambio, juzga la austeridad severa de Mical.

Para poner mi punto en el lenguaje más claro: el hecho
de que seamos llamados a temer a Dios no deshace la verdad
igualmente vital de que debemos deleitarnos en él.

Sin embargo, incluso esto pasa por alto la verdad. Hablar
el idioma del deber, mientras es correcto y apropiado desde
una perspectiva, es pasar por alto otra verdad importante.
No debemos regocijarnos en Dios simplemente porque se
lo debemos a él. David no vio llegar el arca pensando: *Dios
se enojará conmigo si no abandono la prudencia y hago un espectáculo de mí mismo. Porque se lo debo a él, estoy dispuesto a
hacerlo, aunque eso haga que Mical se ponga enojadísima.* El
llamado a deleitarnos en nuestro Padre celestial no es algo
que pueda obedecerse adecuadamente con esfuerzo autosuficiente. Uno no puede determinar solemnemente regoci-

jarse en la gracia de Dios. La única manera de regocijarse de la forma en que David lo hizo es permitiendo que la emoción nos colme. El baile gozoso de David fue genuino para lo que él era y genuino para cómo se sentía hacia Dios. Era David que llegaba a ser como un niño, tanto que insistió en abandonarse a su disposición, incluso a su afán, de llegar a parecer falto de dignidad.

El que Dios fulminara a Uza por el atrevimiento y que luego juzgara a Mical por condenar la familiaridad de David no es evidencia de una contradicción. Es más bien evidencia de la paradoja constante de que solo el Dios que servimos es el creador autosuficiente y Señor dc todas las cosas, que condesciende con nosotros como sus hijos, y nos ama y se goza en nosotros como un padre terrenal lo hace con sus hijos. Él es el León de Judá, que consume reinos completos, pero que retoza en el césped con sus hijos. Ese es un cuadro de la Buena Noticia en las Escrituras, que se hace posible con la gracia de Dios demostrada en la vida de Cristo.

El hecho de que vivimos nuestras vidas bajo el cuidado misericordioso y tierno de Dios, tristemente, no ha multiplicado nuestra gratitud, sino que la ha silenciado. Si tú eres como yo, te olvidas de la importantísima expresión de gracias. ¿Cuántas veces recordamos las décadas de la fidelidad de Dios hacia nosotros, siglos de su fidelidad hacia nuestra familia, y nos quedamos con la boca abierta del asombro? Muy frecuentemente los buenos dones de Dios nos distraen de contemplar su amor fiel hacia nosotros. En lugar de ver todo esto como la gracia extraordinaria de Dios, llegamos a esperar la comodidad y las alegrías que Dios nos da como la norma, la medida de lo que creemos que merecemos. Cuando nuestro nivel de comodidad cae por debajo de nuestras expectativas, nos sorprendemos y enojamos, e incluso tontamente expresamos nuestra indignación al mismo Dios. Cuando montamos en cólera de manera tan infantil, muy frecuentemente nos consolamos al razonar que Dios es un chico grande y que él puede aceptarlo. Sí, puede aceptarlo, pero él no es el chico grande que tan frecuentemente imaginamos. Más bien, él es un Dios infinito y muy bien podría no aceptarlo. Tenemos que aprender a cuidar de nuestra lengua, y a usarla para dar gracias en cualquier circunstancia.

No hace mucho tiempo, me encontré haciendo una visita pastoral difícil. A una muy querida dama bajo mi cuidado la acababan de enviar de vuelta al hospital después de que su leucemia reincidiera. Su condición era seria y había una posibilidad muy real de que no saliera viva del hospital. Para empeorar las cosas, esta mujer es esposa y madre de ocho hijos. En la visita, comenzó a llorar y expresó el peso del temor que llevaba encima. Le pregunté, entre todos los temores normales que podemos esperar, qué era lo que más temía.

Ella reconoció su fe y su confianza en la eternidad. De igual manera, afirmó que el proceso de morir no era la raíz de su temor. Su temor era por los que se quedaban. Estaba preocupada por la angustia que sentiría su esposo. Imaginaba la sombra que podría entrometerse en las bodas de sus hijas al no tener allí a su madre. Lloraba por sus hijos más pequeños que, si ella se fuera, crecerían sin ella.

Reconocí sus temores. En primer lugar, estuve de acuerdo con ella en que estaría en un lugar de gran alegría, donde Jesús mismo le secaría sus lágrimas, pero también estuve de acuerdo en cuanto a las dificultades que enfrentarían los que se quedaban. Llorarían y se lamentarían por una época y llevarían las cicatrices de su pérdida todos sus días. Sin embargo, señalé que esos dolores se mitigarían con el conocimiento del gozo de ella, que su esposo y sus hijos hallarían consuelo al saber que ella estaba por encima del dolor, por encima del temor y en la misma presencia de Dios.

Debido a que estoy muy cerca de esta dama y que conozco muy bien a sus hijos, no pude evitar llorar con ella por la pérdida que ellos podrían enfrentar. Luego le expliqué que mi propia perspectiva era solo un poco distinta, que el dolor genuino que ellos tendrían por su pérdida sería contrarrestado por el gozo que sentirían por lo que habían tenido. Uno no puede —o por lo menos no debe— reconocer el dolor de la pérdida sin dar gracias por lo que le ha sido dado. Mi amor por estos niños me hace sentir empatía por esta pérdida potencial. Al mismo tiempo, me deja asombrado que su Padre celestial los haya bendecido al tener a esta mujer como madre.

Oro para que los niños no estén solos en esta perspectiva. El esposo, ya sea que ese día llegue tarde o temprano, llorará su pérdida. Él también dará gracias por lo que se le ha dado y también estará asombrado por la bendición de haber tenido a esta mujer por esposa. Sé que esto es cierto porque yo soy el esposo de esta mujer santa, que llora con temor por mí y nuestros hijos. Lo sé porque soy el padre de esos ocho hijos, y cada uno de ellos recibió una gracia inmensurable de Dios al tener a esta mujer como madre.

Sin embargo, mi deseo no es solo que me acuerde de dar gracias por las bendiciones *previas* cuando Dios, en su providencia, las retire. Más bien, se me llama a dar gracias no solo en medio de la difícil providencia, sino *por* la difícil providencia. Cuando enfrentamos retos, no es correcto recordar los días que tuvieron menos retos y dar gracias por ellos y luego mirar con esperanza hacia adelante a días con menos retos y dar gracias por ellos. Más bien, demos gracias por cada día, por los retos y por el alivio de esos retos, por las bendiciones y por el bendecido retiro de esas bendiciones.

En otras palabras, no es simplemente un *consuelo*, cuando pasamos por el valle más oscuro, saber que Dios está con nosotros, que nos tiene de la mano. Más bien, es una fuente de alegría el hecho de que él sostiene nuestras manos. La cualidad que define la historia no es el valle; es su presencia en el valle. El valle es solo un fondo, un escenario, porque la verdadera historia es que estamos caminando con Dios. Cuando las manos cicatrizadas de Jesús nos envuelven y él nos sostiene firmemente, cuando levantamos la cabeza para ver que sus propias lágrimas tiernas nos salpican, ¿cómo podemos oír algo en el sonido de las palpitaciones de su corazón más que su inquebrantable amor por nosotros? Cada latido resuena con la verdad: "Te amo, hijo mío. Te amaré por siempre. Nunca te dejaré. Nunca te abandonaré." ¿Cómo podemos hacer algo más que alegrarnos y dar gracias?

Aunque esté sentado en una habitación de hospital mientras los químicos mortales gotean en las venas de la novia de mi juventud, ella y yo ya estamos viviendo en un país mejor. Ya se nos ha recibido en el reino. Ya estamos sentados en los lugares celestiales con Cristo Jesús y él ya ha vencido al mundo. Todo lo que nos hace falta, todo lo que necesitamos, son ojos de niño, para poder ver su glorioso reino. Todo lo que nos hace falta es la fe de un niño para poder creer y ver.

No es simplemente un consuelo, cuando pasamos por el valle más oscuro, saber que Dios está con nosotros, que nos tiene de la mano. Más bien, es una fuente de alegría el hecho de que él sostiene nuestras manos.

Muy frecuentemente, como adulto, me veo tentado a dividir el aquí y el allá, el después y el ahora, el cielo y la tierra. Inmerso en el trabajo y en horarios de escuela, en artículos para escribir y en conferencias que impartir, me veo tentado a pensar que las realidades del cielo no tocan esta tierra.

Sin embargo, sé que mi esperanza futura —en efecto, la esperanza de mi esposa y la de Darby, Campbell, Shannon, Delaney, Erin Claire, Maili, Reilly y Donovan— está en un Dios que hace el futuro ahora. Aunque esté sentado en esta habitación del hospital en Orlando, en realidad estoy sentado en la presencia del mismo Dios.

Que tenga los ojos de un niño para verlo.

Acerca del autor

R. C. Sproul Jr. trabajó durante once años como editor principal de la revista *Tabletalk*. En 1996 inició Highlands Ministries y plantó Saint Peter Presbyterian Church en el suroeste de Virginia. Él es editor de la revista *Every Thought Captive*, maestro en Ligonier Ministries y miembro itinerante de la facultad de Ligonier Academy of Biblical and Theological Studies. Vive en Orlando, Florida. Él y su esposa, Denise, tuvieron ocho hijos. Desde que se publicó la primera edición de este libro, tanto Denise como su hija Shannon se han ido para estar con su Señor.

LIGONIER MINISTRIES

SOBRE LIGONIER MINISTRIES

Ligonier Ministries, fundada en 1971 por el doctor R. C. Sproul, es una organización educativa cristiana a nivel internacional, dedicada a ayudar a la gente en su conocimiento de Dios y de la santidad del Señor.

"Creemos que cuando la Biblia se enseña en forma clara, Dios es visto en toda su majestad y santidad; los corazones son conquistados, las mentes son renovadas y las comunidades son transformadas," dice el doctor Sproul.

Desde su base cerca de Orlando, Florida, Ligonier lleva a cabo su misión en varias formas:

- Enseñando diariamente *Renovando tu mente con R. C. Sproul*, transmitido por radio en todo el territorio estadounidense y a nivel internacional.
- Entrenando y equipando a la juventud, a laicos y a pastores mediante la Ligonier Academy of Biblical and Theological Studies y Reformation Bible College.
- Generando recursos serios y profundos para la enseñanza y manteniéndolos disponibles a través del sitio Ligonier.org en Internet.
- Publicando *The Reformation Study Bible*.
- Publicando mensualmente *Tabletalk*, una revista devocional y teológica.
- Publicando y promocionando libros fieles a la histórica fe cristiana.
- Produciendo y promocionando conferencias.

www.ligonier.org | (800) 435-4343

SOBRE REFORMATION BIBLE COLLEGE

El doctor R. C. Sproul Jr. es profesor adjunto de filosofía y de apologética en Reformation Bible College (RBC), ubicado cerca de Orlando, Florida.

RBC se adhiere categóricamente a la histórica fe cristiana. Creemos que el estudio de teología e historia es vital para un conocimiento atinado de la Escritura y para una interacción sabia con el mundo.

El plan de estudios de RBC está diseñado deliberadamente para enfocarse en el contenido de la Escritura, el sistema doctrinario enseñado en la Escritura, la historia de la iglesia, y las grandes obras de filosofía, literatura y música. RBC ofrece programas de dos años para el certificado en artes y tres programas de cuatro años para el grado universitario en artes.

- Certificado en Artes en Estudios Bíblicos y Teológicos
- Grado Universitario en Artes en Estudios Bíblicos
- Grado Universitario en Artes en Estudios Teológicos
- Grado Universitario en Artes en Música Sagrada

RBC compendia todo lo que Ligonier Ministries y su fundador, el doctor R. C. Sproul, han valorado y desarrollado durante los últimos cuarenta años. Con la ayuda de Dios, nosotros en Reformation Bible College queremos extender el conocimiento de Dios y de su Palabra a las generaciones futuras.

 Reformation Bible College

www.ReformationBibleCollege.org | 1-888-RBC-1517   CP0636